教える・育てる心理学
－基礎と臨床－

横尾 暁子・富田 望　編著

大学教育出版

はじめに

　教育の現場、そしてその背景として幼児・児童・青年が育つ社会は、従来考えられなかったほどの速さと激しさで変化している。かつて教育職は心理学をはじめとする人の「育ち」支援に少なからず関連を持つ分野で学ぶ学生が、生涯の職域として選択するような主流の仕事であった。しかし昨今の教職における動向に大きな変化が起こっている。2023年度採用された公立学校の教員の採用倍率は3.4倍（中でも小学校は2.3倍と低く、5年連続で過去最低）という低い値が報告された。文部科学省報告で2023年度採用の公立小中学校と高校教員採用試験の採用倍率が3.4倍であり、前年度の3.7倍から2年連続の低下、5年連続の「過去最低倍率」の更新が見られたという報道がある（NHK, 2023年12月25日[※1]）。さらに2023年－2024年の幼児教育養成課程（含・保育科）を有する大学における志願者数の減少傾向も見られ、従来の進学市場における変化の始まりではないかと注目されている。幼児教育、小・中学校から高等学校、大学までの教育環境を取り巻く我が国の社会的な変動は大きい。

　阪神・淡路大震災（1997年）、新潟中越・中越沖地震（2004年、2007年）、東日本大震災（2011年）、熊本地震（2016年）、北海道胆振東部地震（2018年）、能登半島地震（2024年）まで、教育現場も近年の我が国における激甚災害（national disaster）を背景に、その都度新しい対応を経験してきた。国家規模の災害は、私たちが生活の基盤として期待する心理・社会的な基本の信頼の根源を打ち砕き、大きなパラダイム・シフトをもたらす。たとえば阪神・淡路大震災は都市の構造や防災のあり方とボランティア活動の価値を大きく変化させ、2011年の東日本大震災は地球規模の変動で起こる災害は防ぐという以上にいかに被害を減らす（減災する）ことができるかを問い直すきっかけとなった。都市計画や行動計画など、基本的な教育の現実性を見直す動きが起こっている。2019年以降の新型コロナウィルス感染症の世界的拡大に直面して、大人も子どももコミュニケーション手段の大きな移行に直面している。新しいコミュニケーション、新しい学びのあり方、新しい働き方が本格的に模索され、2024年の現在、一部はすでに定着に向かっている。大規模な心理・社会的カ

タストロフ後に幼児・児童・青年が直面する混迷の可能性について村上（2000年[*2]）は言及した。教育の、そして広く発達過程の、心理社会的環境は児童・青年とどのように相互作用するだろうか。その問いは、少年の社会的逸脱から矯正処遇と教育へわれわれの視線を導く。生涯発達の視点からは幼児・児童・青年期の発達課題に至る長期スパンの支援について、「正解のない」解を強く求める実情につながっている。

　トマス・クーン（Thomas Samuel Kuhn, 1922-1996年）の言う「パラダイム・シフト」は、この世界ですでに起こっている。前世代で最新であった技術水準、自律的自己調整を備えたシステムさえも、AI（Artificial Intelligence 人工知能）に置き換えられようとしている。生まれた時からICT（Information and Communication Technology 情報通信技術）によるデバイスを手足のように活用する世代の人を「デジタル・ネイティヴ」と呼称するが、その次世代は「AIネイティヴ」と言うのかもしれない。

　一方で、生物としてのヒトは、発達段階の順序性や速度を変えることなどできない。環境の変容と生物としての人が持つ心理社会的本質には事実上の齟齬が生まれている。保育室で、教室で、課外時間の生活場面で、あるいは教育相談の場面で、幼児・児童・青年の心身の発達を科学者実践家モデルの視点で捉えなおすことが心理学学習者に求められている。その重さを痛感させられている。

　「教える・育てる心理学」は、生活し育つ幼児・児童・青年をどのように支援できるだろうか。

　本書には大別して三部の視点を盛り込んだ。第一部は「教育心理学」科目に求められる基礎の領域、第二部は教育現場で応用的に適用されるべき臨床発達心理学、そして第三部では持続可能・多様性社会に対応する心理学に焦点を当てている。それぞれの章に第一線で活躍する若手の、もしくは指導的立場として経験豊富な執筆陣を得た。基本と今日性を兼ね備えた教育の基礎と臨床をめぐる心理学のテキストをまとめることができたと自負している。

2024年11月

横尾暁子・富田望・竹内美香

注

※1　NHK『今年度の公立教員採用倍率 3.4 倍と過去最低 小学校は 5 年連続で』（2023 年 12 月 25 日）https://www3.nhk.or.jp/news/html/20231225/k10014299251000.html

※2　村上春樹『神の子どもたちはみな踊る』新潮社 2000

教える・育てる心理学
―― 基礎と臨床 ――

目　次

はじめに ……………………………………………………………………………… i

第一部　教育心理学の基礎

第1章　教育心理学とは何か …………………………………………… 2

1. 学習指導要領の中で「教育心理学」に求められる構成内容　3
2. 教職課程におけるコアカリキュラムマップ　3
3. 国家資格・公認心理師における「教育・学校心理学」　4
4. 公認心理師国家試験の青写真「ブループリント」　4
5. 公認心理師養成大学協議会（略称：公大協）により整理された「学習目標」　5
6. 科学者‐実践家モデルと心理学　6

第2章　発達の心理学 ……………………………………………………… 8

1. 発達とは　8
2. 発達と教育　16
3. 乳幼児期の育ち　19

第3章　学習と記憶の心理学 …………………………………………… 29

1. 学習の心理学　29
2. 記憶の心理学　42

第4章　感情 ………………………………………………………………… 52

1. 感情の要素　53
2. 感情表出　54

3. 感情の理論　*58*
　　4. 攻撃性　*62*
　　5. 幸福感　*64*
　　6. その他の感情トピック　*65*

第5章　パーソナリティの心理学 ……………………………… *69*

　　1. パーソナリティの定義　*69*
　　2. パーソナリティの構成概念と要素　*70*
　　3. パーソナリティ研究と理論　*72*
　　4. パーソナリティ形成の要因　*78*
　　5. パーソナリティと健康　*82*

第二部　応用的領域 ― 臨床発達心理学

第6章　スクールカウンセリング・問題行動と心理的支援 ……… *90*

　　1. 教育領域における問題行動とスクールカウンセラーの役割　*90*
　　2. 問題行動の理解と心理的支援　*95*
　　3. チーム学校を活用した心理的支援　*100*
　　4. まとめ　*104*

第7章　メンタルヘルス・神経発達症と特別支援教育 ………… *107*

　　1. 子どものメンタルヘルスの問題と心理的支援　*107*
　　2. 神経発達症と特別支援教育　*112*
　　3. まとめ　*119*

第8章　教授法と教育評価 ……………………………………………… 122
1. 教授法　*122*
2. 教育評価　*128*

第9章　学級集団 …………………………………………………………… 140
1. 学級集団とは　*140*
2. 友人関係の理解　*144*
3. 教師と子どもの関係　*150*

第10章　矯正教育 ………………………………………………………… 153
1. 少年院の種類と矯正教育課程　*154*
2. 矯正教育の内容　*158*
3. 社会復帰支援　*161*
4. 矯正教育における心理学に基づく支援　*164*

第三部　持続可能・多様性社会に対応する心理学

第11章　スポーツと教育 ………………………………………………… 168
1. 用語の整理とスポーツや運動、保健体育の意味　*168*
2. スポーツと心身の健康　*170*
3. 運動学習　*171*
4. スポーツや運動の実践者数と動機づけ　*172*
5. 体育・スポーツ嫌い　*175*
6. 保健体育を通したメンタルヘルス教育　*176*
7. 保健体育を通したストレスマネジメント教育　*178*
8. まとめ　*179*

第12章　防災教育 ……………………………………………… *182*

　1. 防災教育がなぜ必要なのか　*182*
　2. 防災教育の役割とは　*185*
　3. 先進的な取り組み事例　*189*
　4. 防災リテラシーの向上　*192*

執筆者紹介 ……………………………………………………… *198*

第一部　教育心理学の基礎

第1章 教育心理学とは何か

　大学における教職課程には「教育心理学」科目が用意されている。保育と学校の現場に集まる幼児・児童・生徒は多様である。同年・同地域の通学者というだけで制度的にひとまとまりの集団と扱うことにためらうことは多い。児童・生徒の心身の発達は、その方向性や平均的な時期を総体として予測・推定することは統計的には可能である。統計的には。

　実際には、教室での教員－幼児・児童・生徒の相互作用は個別的に起こる。100の教室があれば100通りの人間的事象が起こっている。

　教員養成課程で、教職に就くことを目指す人に、すべての幼児・児童・生徒を網羅するほどの発達事象に関する知識情報も、あらゆる場面での相互作用事象の事例を伝えることは不可能である。

　現場で出会う幼児・児童・生徒の行動、その中でもとくに不適応的な行動を含む事象があれば、早急に改善すること、そして本来的な目標遂行行動や関係性に軌道修正することが求められる。しかし実際には「なぜ子ども（幼児・児童・生徒）は教えたように行動しない（できない）のか」「説明したのに、（なぜ）わからないのか」「そうしたくないと思っているというなら、その理由は何か」など、現場の教員の心は千々に乱れ、不安でいっぱいになる（子どもたちはそんな教員を見ている）。

　心理学にも即効性の「解」はないが、先行的な研究知見から抽出された総括的な情報はある。幼児期から青年期までの発達段階ごとの課題や行動変容のあり方、指導介入の多様な事例や効果について紹介されることも多い。あまたの教授法も、それらが生み出されるに至った人間的事象の記録を現場に即した形に読み替えて、対応スキルの知識情報として提供するのは「教育心理学」の機能であろう。

1. 学習指導要領の中で「教育心理学」に求められる構成内容

「教育心理学」は、『教育の基礎理論』領域中に設定されることが多い。幼児・児童・生徒の心理・社会的適応を理解するための基礎的知識と教育場面で発生する問題に対処する方法・考え方を学ぶ機能が求められる。

2. 教職課程におけるコアカリキュラムマップ

(1) 文部科学省による位置づけ

大学における教職課程については、平成29年11月の文部科学省からのコアカリキュラムを確認しておく。教員養成課程科目を有する多くの大学では、各学部学科の設定する卒業要件単位の他に資格科目として教職科目を開講している。大学卒業後に幼・小・中・高いずれかの教員になることを目指す学生は入学時よりカリキュラムに沿って必要な教職科目を修める。

平成29年の文部科学省によるコアカリキュラムに準ずる科目表では「教育心理学」は単科として挙げられていない。もっぱら「教科・領域に関する専門的事項」の下に「幼児理解」「教育」「進路指導」「教育相談」について「理論及び方法」「技術」などを挙げている。

(2) 日本教育心理学会による教職課程コアカリキュラム案に関する意見・答申

日本教育心理学会では、文部科学省による平成29年のコアカリキュラムに対し、所属会員からの意見ヒアリングを含めて「教職課程コアカリキュラム案に関する意見」として2017年6月22日付、答申している。ここには相応に詳細な意見があり、当該学会のwebページでも公開されている。「教育心理学」という伝統的な教員養成課程科目、そして教職課程履修者の多くにとっては最後の心理学科目としてのあり方を見直す手がかりとすることができるだろう。

3. 国家資格・公認心理師における「教育・学校心理学」

公認心理師法（平成 27 年 9 月 9 日成立、平成 27 年 9 月 16 日公布）第二条では公認心理師を定義し、その役割を記述している。

　公認心理師とは、公認心理師登録簿への登録を受け、公認心理師の名称を用いて、保健医療、福祉、教育その他の分野において、心理学に関する専門的知識及び技術をもって、次に掲げる行為を行うことを業とする者をいう。
（1）心理に関する支援を要する者の心理状態の観察、その結果の分析
（2）心理に関する支援を要する者に対する、その心理に関する相談及び助言、指導その他の援助
（3）心理に関する支援を要する者の関係者に対する相談及び助言、指導その他の援助
（4）心の健康に関する知識の普及を図るための教育及び情報の提供

4. 公認心理師国家試験の青写真「ブループリント」

年 1 回実施される公認心理師国家試験については、一般財団法人公認心理師試験研修センター（旧・日本心理研修センター）にて公開されている。2024 年に入手可能なブループリントにおける教育心理学関連項目の出題比率は 9％と示され、他の事項に比して大きい。ブループリントは、国家試験対策として受験計画中の志願者に参照される。ここには試験作問担当が、公認心理師の教育現場における職責遂行のために枢要（すうよう）と位置づけられる基礎的知識群が掲載されている。本書では紙幅の制限があるので、事項を列挙する形となるが、確認のため下記を掲載する。詳細は一般財団法人公認心理師試験研修センターのサイト中の「公認心理師試験」の下位にファイルで公開され、自由にダウンロードすることができる。

（1）教育現場において生じる問題とその背景
　　動機づけ、自己効力感、原因帰属、適性処遇交互作用、学力、学習方略、

アクティブラーニング、不登校、いじめ、非行、生徒指導、進路指導、キャリアガイダンス、学校文化、教師－生徒関係
(2) 教育現場における心理社会的課題と必要な支援
特別支援教育、スクールカウンセリング、教育関係者へのコンサルテーション、コラボレーション、学校におけるアセスメント、学校危機支援、チーム学校、学生相談、教育評価、教職員のメンタルヘルス

5. 公認心理師養成大学協議会（略称：公大協）により整理された「学習目標」

　公認心理師養成大学協議会（2022）によるカリキュラム提案の中では「教育に関する心理学」における記述として、「子どもの発達と教育に関する基礎理論、子どもの心理的問題について理解することに加えて、必要となるアセスメントの方法と心理的支援法を修得する」と定め、その下位に想定される現場実践を意識した学修目標を下記のとおり挙げている。公大協の下位記述は項目列挙の形式になっている。ここでは大項目に続けて概説する。

(1) 教育の現状と教育に関する制度について概説できる。すなわち幼児教育・保育の動向、生徒指導・教育相談の動向、特別支援教育の動向、ICTの動向など、教育現場を取り巻く現状を概説できることに加え、教育に関する制度や法律（教育基本法、学校教育法、いじめ防止対策推進法、発達障害者支援法、障害者差別解消法）の理解を目指している。
(2) 教育分野における基本的理論について概説できる。公認心理師養成課程で開講されるべき学部科目の学修を指している。
(3) 教育現場において生じる問題及びその背景について概説できる。学校における問題の理解（学習面、心理社会面、健康面、進路面の問題、不登校、いじめ、非行、暴力行為、発達障害による困難など）及び家庭における問題の理解。
(4) 教育現場で必要なアセスメントについて概説できる。心理社会的アセスメントとして、学習の達成度、学習スタイル、知能、発達障害の傾向、不安や抑うつなどの内在的な問題、外在化している問題としての攻撃性や

非行などの評価、さらに環境と対人関係のアセスメントでは、学級、学校の課題、家庭の課題、地域の課題、教師－生徒関係、教師－保護者関係、生徒同士の関係、家族間の関係について科学者－実践家としてアセスメントできることを含む。
(5) 教育現場における心理社会的課題及び必要な支援について概説できる。教育分野における心理的支援の種類としてのスクールカウンセリング、教育相談、学生相談、特別支援教育に関わる巡回相談があり、教育分野における心理的支援の技法（カウンセリング、認知行動療法、心の健康教育、学習・発達支援、個別指導計画・教育支援計画立案のための技法、危機管理と介入のあり方を含む）、子どもの援助者と関係者（保護者・教職員・地域社会）への心理学的支援やコンサルテーションを「チーム学校」として連携することに対する理解が達成目標として求められる。

　大学における公認心理師科目は基礎と実践として多岐にわたり、それぞれにきわめて多様な現場的な課題事象が挙げられている。中でも学校・教育心理学における公認心理師が多職種と連携するべき課題は多い。本書で概説として取り扱うことができる基礎、臨床的実践についても一部に留まる。

6. 科学者－実践家モデルと心理学

　心理学研究の多くは仮説演繹（えんえき）のアプローチをとる。心理社会的問題に遭遇した場面で、その原因と今後の転帰について、仮説を立て、仮説を検証するための評価指標を選択し、第三者が後に追認検証できるまでの確認の手段を構築し、それを試行する。得られた結果としてのデータを評価し、仮説がいかなるものであったか、現実の問題と仮説との「距離」を確率統計の尺度も動員して評価し、その上で一定の「説明」に帰着しようとしている。「仮説演繹」アプローチでは段階的で構成的であり、科学的な客観性を求める実践的な態度が求められる。

　「教える・育てる心理学」においても、幼児・児童・青年の生活場面の健康

的な発達を希求し関わる現場は個別事例的であっても、その基盤に第三者的な検証をも保証する科学の姿勢は必須であろうと考える。

文献

一般財団法人公認心理師試験研修センター『令和7年版 公認心理師試験出題基準・ブループリント』一般財団法人公認心理師試験研修センター (2024) Retrieved October 23 2024 from https://www.jccpp.or.jp/download/pdf/blue_print.pdf

公認心理師養成大学教員連絡協議会（公大協）『公認心理師教育コアカリキュラム案― 最終報告 ―』日本心理学会 (2022) Retrieved October 23 2024. from https://psych.or.jp/wp-content/uploads/2022/11/Core_Curriculum2022.pdf

文部科学省初等中等教育局教職員課教員免許企画室『教職課程コアカリキュラム』教職課程コアカリキュラムの在り方に関する検討会 (2017) Retrieved October 23 2024 from https://www.mext.go.jp/b_menu/shingi/chukyo/chukyo3/002/siryo/__icsFiles/afieldfile/2017/12/08/1399160_05.pdf

文部科学省初等中等教育局健康教育・食育課、厚生労働省社会・援護局 障害保健福祉部精神・障害保健課『公認心理師のカリキュラム等について』厚生労働省 (2017) Retrieved October 23 2024 from https://www.mhlw.go.jp/file/06-Seisakujouhou-12200000-Shakaiengokyokushougaihokenfukushibu/0000174192.pdf

日本教育心理学会『教職課程コアカリキュラム案に関する意見』日本教育心理学会 (2017) Retrieved October 23 2024 from https://www.edupsych.jp/wp-ontent/uploads/2017/06/b5569262e676ab043faf169b95f0692c-3.pdf

第2章 発達の心理学

1. 発達とは

　人間は、生まれてから亡くなるまでの間に、心身ともにさまざまな変化をたどるが、「いつ頃・どのような変化があるのか」という道筋にはある程度の共通性がある。本章では、多くの人が共通して経験する変化を発達ととらえ、発達の特徴や関連する代表的な理論を紹介する。

　子どもとの関わりについて考える際に、子どもの現在の姿を注意深くとらえることはもちろん重要だが、その子どもがこれまでどのように育ってきたのか、そしてこれからどのように育ってほしいのかという長期的な視点を持つことも必要である。発達について知ることは、子どもを理解し、関わりについて考える際の一助となるだろう。

(1) 発達の定義

　発達 (development) とは、受精から死に至るまでの心身の質的および量的変化のことである。従来は、子どもが大人になるまでの限定的な期間で生じる変化を発達ととらえていたが、近年は、生まれてから亡くなるまで一生涯にわたって続く変化を発達としてとらえる「生涯発達」の考え方が一般的となっている。この変化には、できな

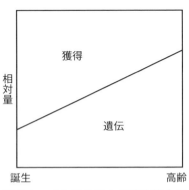

図 2-1　バルテスによる適応能力における獲得と遺伝の割合

かったことができるようになるという変化だけではなく、できていたことができなくなるという変化（たとえば、加齢による機能の衰えによる変化）も含まれる。できるようになる変化「獲得」とできなくなるという変化「喪失」の割合は年齢とともに変化すると考えられている（図2-1）。

(2) 発達の要因

　発達は、「成熟」と「学習」によって生じる。成熟とは、親から遺伝的に引き継いだものが時間経過とともに表に現れることを指す。その一方で、学習とは、経験によって変化することであり、環境的な要因が関連している。

　近年では、人間の発達は遺伝と環境の双方の影響を受けているという考え方のもとで多くの研究が進められているが、歴史的には、遺伝的要因と環境的要因のどちらのほうが発達に影響を及ぼすのか、どのように影響するのかについての議論が古くからなされてきた。それぞれの立場について以下に紹介する（遺伝と環境の影響については第5章も参照）。

　1）成熟優位説（遺伝論）

　成熟優位説は、人の発達は生得的な要因によって大きく影響を受けるという考え方である。ゲゼル（Gesell, A.）は、一卵性双生児を対象にした実験を行い、早期からの訓練よりも成熟を待って訓練をしたほうが短期間で訓練の効果が表れることを示し、成熟優位説を唱えた。

　2）環境優位説（環境論）

　環境優位説は、人の発達は個人の経験などの環境要因によって大きく影響を受けるという考え方である。ワトソン（Watson, J. B.）は、人のすべての行動は、生後の経験や環境によって決定づけられると主張した。

　3）輻輳説

　シュテルン（Stern, W.）は、遺伝要因と環境要因が独立して発達に影響を及ぼすと考える輻輳説を唱えた。ルクセンブルガー（Luxenburger, H.）は、輻輳説の考え方を図で示しており（図2-2）、図中のXが左に移動すると遺伝要因の影響が強いということを示し、右に移動すると環境要因がより重要ということを示す。

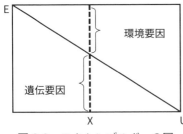

図2-2 ルクセンブルガーの図

4）相互作用説

現在では、遺伝と環境の両方の要因が発達に影響すると考えられているが、輻輳説のように遺伝要因と環境要因の割合が常に一定で足し算的に影響するというよりは、遺伝要因と環境要因が互いに干渉し、割合も変動しながら影響するというとらえ方（相互作用説）が一般的であり、各種の理論化が進んでいる。

環境閾値説は、ジェンセン（Jensen, A. R.）が唱えた。遺伝要因が発現するには、相応の環境が必要であるという考え方である。必要な環境の量や質は特性ごとに異なるとして、特性が発現する水準を環境閾値とよんだ。

相乗的相互作用モデルは、サメロフとチャンドラー（Sameroff, A. J. & Chandler, M. J.）が提唱した。人は環境からの働きかけをただ受け取って反応するだけではなく、環境に働きかけて反応を引き出し、それに対して応答していると主張した。親子関係と子どもの発達プロセスにあてはめると、親から子どもへの働きかけだけではなく、子どもから親への影響も考慮すべきであり、両方向からの影響が時間経過の中で作用しあいながら子どもの人格が形成されていくという考え方である。具体例としては、母親の育児不安や子どもの気質的な扱いにくさなど、母子双方のネガティブな状態がお互いに影響しあい悪循環を引き起こすケースなどが挙げられる。図2-3は、サメロフの考えを三宅（1990）が図に示したものである。

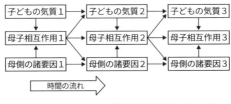

図2-3 サメロフの相乗的相互作用モデル
（三宅，1990）

5) 行動遺伝学からみる遺伝と環境

　行動遺伝学の領域では、発達の各側面において遺伝と環境の要因がどのように関わり合い、それぞれがどの程度影響するのかについて研究が行われている。たとえば同じ家庭で育った一卵性双生児と二卵性双生児を対象にして類似性を比較する際、環境面では同等であるが、遺伝子型には違いがある。そのため、遺伝行動学では、遺伝と環境がどの程度影響しているのかを検討する際に、一卵性双生児同士のほうが二卵性双生児同士よりも類似性が高い場合は、遺伝的な要因が大きく影響を及ぼしていると解釈する。類似性に差異がない場合は、一卵性双生児同士も二卵性双生児同士も同様に経験している共有環境（家庭環境など）の影響が大きいと解釈する。個別の経験である非共有環境（それぞれの友人との関係性など）の影響を大きく受ける場合は、一卵性双生児同士であっても類似性は低いということになる。

　これまでの双生児研究においては、パーソナリティなどの心理的形質についてはおおむね50％程度は遺伝が影響し、また残りの環境要因については非共有環境の影響が大きいという傾向が示されている（安藤，2017）。

6) エピジェネティクス

　最近注目されているのは、エピジェネティクス研究である。エピジェネティクスは遺伝子情報の発現を調整するメカニズムで、後成的遺伝ともよばれる。遺伝情報を発現するか抑制するかを切り替えるスイッチの役割と例えられることもある。近年の研究では、エピジェネティクスは虐待などのストレス要因によって変動することや、良い養育環境は子どもの生涯にわたる健康基盤の確立に貢献することが示唆されている（久保田，2020）。人の発達における複雑なダイナミクスを検討するために、研究の推進が望まれる。

(3) 発達の傾向

　人の発達の一般的特徴について、以下に取り上げる。

1) 生理的早産

　動物は生まれた後の自立の状態によって離巣性と就巣性に分類できる（表2-1）。離巣性は、生まれてすぐに自分の足で立てるようになるが、就巣性は生

まれてすぐには自分で立つことができず、しばらく巣で生活するという特徴がある。人は妊娠期間が長く、一回の出産で産む子どもの数も少ないなど、離巣性の動物と同様の特徴がある。しかしながら、自分で歩けるようになるまでに約1年もの長い時間を要し、就巣性の特徴に当てはまる部分もあることから、二次的就巣性とよばれる。

これについてポルトマン（Portmann, A.）は、本来であれば人間はさらに1年程度母親の胎内で育つべきところ出産時の負担を避けるために早く生まれてくるのだと結論づけ、この現象を「生理的早産」とよんだ。生理的早産で生まれてくることによって、胎内で過ごすよりも多くの刺激を受けることになったとも考えられ、環境を整えることで豊かな育ちへつながる可能性があるのも人の発達の特徴の一つである。

表2-1　離巣性と就巣性の哺乳類の特徴

	下等な組織体制段階	高等な組織体制段階
妊娠期間	非常に短い （たとえば20～30日）	長い （50日以上）
一胎ごとの子の数	多い （たとえば5～22ひき）	たいてい1～2ひき （まれに4ひき）
誕生時の子どもの状態	「巣に座っているもの」 （就巣性）	「巣立つもの」 （離巣性）
例	ネコ、モグラ、イタチ、ネズミ等	サル、ウマ、ウシ等

Portmann（1951 髙木訳1961）を一部改変

2）発達の順序性

発達には一定の順序がある。たとえば、言葉の発達に注目した場合には、喃語、一語文、二語文、多語文という順番で発達していくのは共通している。原則としてこの順番が変わることはない。

3）発達の方向性

発達には一定の方向性がある（図2-4）。一つは「頭部から脚部（尾部）へ」発達が進むという方向性である。たとえば、新生児の頃は自力で移動するの

は難しくても、首がすわり、腰がすわり、はいはいやつかまり立ちを経て自分で歩くことができるというように、発達が頭部から脚部に向かうという変化がこれにあたる。もう一つは「中心から周辺へ」という方向性である。運動は粗大運動と微細運動の2種類があり、まず最初に腕や肘を使う大きな動きである粗大運動ができるようになってから、手首や手指を使う微細な運動ができるようになるというように、身体の中心部から周辺部へと向かう変化があたる。

4）個人差

先に述べたように、発達には順序性があり、それぞれ目安となる時期がある。しかしなが

図2-4　発達の方向性のイメージ

ら、実際の達成のタイミング、また達成の度合いなどには個人差がある。子どもと向き合う立場の人は、「子どもの心身の発達の時期や特徴に関する記載は、大まかな目安であり個人差がある」ということを念頭に置いておく必要があるだろう。

5）臨界期と敏感期

ローレンツ（Lorenz, K.）が発見した鳥類の子どもが親鳥の後を追う「刷り込み（インプリンティング）」の現象は、生後すぐの限られた期間に学習され不可逆的である。このように発達初期の限られた時期に学習し、その後の習得や修正が難しい場合に、その限られた期間のことを臨界期とよぶ。

人の発達初期の経験についても重要性は多くの研究で示されているところである。その一方で、近年は人の発達の可塑性の高さも注目されるようになっている。たとえば内田（2006）は、栄養が与えられず、言語や社会的・文化的刺激が与えられないネグレクト状況下にあった子どもが、保護され正常な環境下に戻ってから、発達の遅れを部分的に取り戻す例を挙げて、愛着形成において単純な暦年齢による臨界期を仮定するのはふさわしくないと主張してい

る。人の発達においては、臨界期というよりも、発達の感度の良い時期があるととらえ、その限られた時期を敏感期や感受期とする考え方が支持されている。

(4) 発達段階と発達課題

1) エリクソンの発達段階

人の発達を理解しようとする際に時期を区切ってそれぞれの特徴をとらえることがあり、この区分を発達段階とよぶ。注目する点によって区分の仕方は異なるが、エリクソン（Erikson, E. H.）は、心理社会的な観点から人の一生を8つに分けた。それぞれの時期に重要な人間関係があり、そこで経験する心理的な危機を乗り越えて自我の機能を獲得し、次の段階に進んでいくと考えたことから、各段階の心理的危機と、心理的危機を乗り越えることによって獲得する自我の機能について整理して示している（表2-2）。エリクソンは各段階で危機を乗り越えられなかった場合には後続する段階へ影響すると考えた。

表2-2　エリクソンの心理社会的発達段階

発達段階		心理・社会的危機	自我の機能
I	乳児期	基本的信頼　対　不信	希望
II	幼児期前期	自律性　対　恥、疑惑	意志
III	幼児期後期	自主性　対　罪悪感	目的意識
IV	児童期	勤勉性　対　劣等感	有能感
V	青年期	自我同一性の確立　対　自我同一性の拡散	忠誠心
VI	成人期前期	親密性　対　孤立	愛
VII	成人期後期	生殖性　対　停滞	世話
VIII	老年期	統合性　対　絶望、嫌悪	英知

Erikson（1982 村瀬・近藤訳 1987）より作成

2) ハヴィガーストの発達課題

各発達段階で習得することが望ましい事柄について、ハヴィガースト（Havighurst, R. J.）は発達課題という概念を提唱して説明した。ハヴィガーストは、「発達課題は人生の一定の時期あるいはその前後に生じる課題であり、

表2-3　ハヴィガーストの発達課題

幼児期と児童期初期	成人初期（18-30歳）
歩行の学習 固形食をとる学習 話すことの学習＊ 排泄を統制する学習＊ 性差と性的慎みの学習 概念の形成と社会的・物理的現実を記述することばの学習 読むことの準備＊＋ 善悪の区別の学習と良心の発達の始動	結婚相手の選択 結婚相手との生活の学習 家族生活のスタート＊＋＜ 子どもの養育 家庭の管理 職業生活のスタート 市民としての責任の達成＊＋＜ 適切な社会集団への参加
児童期中期	中年期（30-約60歳）
日常のゲームに必要な身体的スキルの学習＊＋ 成長する生活体としての自分への健全な態度の構築＊＋ 同年齢の友人とうまくつき合うことの学習＊＋ 男子あるいは女子としての適切な社会的役割の学習＊＋ 読み・書き・計算の基礎的スキルの発達＊＋ 毎日の生活に必要な概念の発達＊＋ 良心・道徳性・価値判断の手がかりの発達＊＋ 個人的独立の獲得＊＋ 社会集団と制度についての態度の発達＊＋	十代の子どもの責任ある・幸福な大人への育成 大人としての市民的・社会的責任の達成 職業生活での満足できる業績の達成とその維持 大人としての余暇活動の充実 つれ合いとの人間的な結びつきの達成 中年の生理的変化への適応＊＋＜ 年齢を重ねる両親への対応＊＜
青年期	その後の成熟期
両性の同年齢の友人との新しい・より成熟した関係の獲得＊＋＜ 男性あるいは女性の社会的役割の獲得＊＋ 自分の身体の受容とその有効な使用＊＋ 両親や他の大人からの情緒的独立の獲得＊＋＜ 結婚と家庭生活への準備＊＋＜ 経済的面での将来への準備＊＋＜ 価値観と倫理体系の習得＊＋＜ 社会的に責任ある行動の追求とその獲得＊＋＜	身体と健康の衰退への適応 引退と収入の減少への適応 配偶者の死への適応 同年齢グループへの積極的参加＊＋＜ 社会的役割への柔軟な対応 身体的に満足のいく生活環境の準備＊＜

菊池（2010）
※下記の記号は菊池（2010）による加筆
　＊生物学的・心理学的・文化的基礎への言及
　＋階層差への言及
　＜教育的（社会的）意義への言及

それをうまく達成することが幸福とそれ以降の課題の達成を可能にし、他方、失敗は社会からの非難と不幸をまねき、それ以降の課題の達成を困難にする」と述べ（Havighurst, 1972 児玉・飯塚訳 1997）、段階ごとに多岐に渡る課題を提示している（表2-3）。生物学的・心理学的・文化的基礎の説明、階層差や教育的意義への言及があることもこのモデルの特徴である。

なお、これらの発達理論は、あくまで当時の時代背景のもとに作成されたものであるということには留意する必要がある。たとえば、発達課題の概念の定義や、発達課題の内容、目安の年齢など、必ずしも現代に通用するものとは限らないが、発達研究の歴史的な変遷も踏まえた上で、発達や発達支援について改めて検討することは意義深いことである。

2. 発達と教育

教育において、どのように関わることが子どもの発達にとって望ましいのだろうか。以下に発達に関する概念やモデルを紹介し、教育実践について考えたい。

(1) レディネス

教育が発達におよぼす影響について考える際に「レディネス」という概念を理解することが重要となる。レディネスとは、学習が成立するための心身の準備の状態のことを指す。たとえば、つかまり立ちすらしていない子どもにスキップを教えることが難しいように、十分な準備が整わないタイミングでの教育は効果があまり期待できない。成熟優位説を唱えたゲゼル（Gesell, A. L.）は、レディネスが整うのを待って教育を行うことが望ましいと主張している。

(2) 最近接発達領域

レディネスが整うのを待つのではなく、積極的にレディネスの形成を促すべきという考えを示した研究者としてヴィゴツキー（Vygotsky, L. S.）が挙げられる。ヴィゴツキーは、他者から何らかのヒントや助けを得て達成できると

いう課題に取り組むことによって、子どもが独力でできることが増え、援助があればできることも増えると主張した。ヴィゴツキーは、子どもが一人で達成できる水準と、他者からの援助や協力を得て達成できる水準の差を「最近接発達領域（Zone of proximal development ZPD）」という概念を用いて説明し、子どもの最近接発達領域に働きかけることによって子どもの発達に寄与するとした。

子どもは周囲の環境を足掛かりにして、他者とのやりとりの中で発達水準を高めていくことから、教育実践において、教師は子どもの現在の発達しつつある水準を見極めて、適切な関わりをすることが求められる。

またブルーナー（Bruner, J. S.）は、ヴィゴツキーの考え方をさらに発展させて、最近接発達領域に働きかける援助を足場かけ（scaffolding）とよび、子どもの状況に応じて関わりを工夫することで発達を促すと考えた。

(3) 正統的周辺参加

私たちが何か行動する時、その行動は状況と切り離すことができない。一人ひとりの子どもの行動は、当人の能力や特性のみによるのではなく、周囲の人との複雑な関係性やその変化の中で生じていると考える必要がある。このように関係性の中で学習や発達をとらえる枠組みとして、レイブとウェンガー（Lave, J., & Wenger, E.）が正統的周辺参加論（Legitimate Peripheral Participation LPP）を提唱している。

正統的周辺参加では、学習者は集団に参加する際に、まずは新参者として周辺的な活動に参加し、徐々に古参者、さらには熟達者として、活動の参加の程度が深まるにつれて、集団になじみ、十全的な活動へ変化すると考えられている。なお、新参者が組織の中に参加するうえで重要な点は、教わるということよりも、進行中の活動に加わることである。活動に加わる中で、新参者は熟達者を真似しながら、活動を深めていくととらえられる。

教育実践の場で問題が生じた時には、当事者の問題としてしまうのではなく、状況の問題としてとらえ直すことで、解決の糸口が見つかることもあるだろう。

(4) 生態学的環境

　ブロンフェンブレンナー（Bronfenbrenner, U.）もまた、人の発達を考える際に、個人の変化のみではなく、個人が生活をする家庭や学校、家族の職場、暮らしている国や文化などにも目を向けることの重要性を主張した。個人を取り巻く環境を、入れ子状の生態学的システムとしてとらえ、発達を直接的・間接的に規定すると考える生態学的発達理論を提唱した（図2-5）。

　中心にいる個人を子どもとした場合、子どもを直接取り巻く最も身近なレベルの環境がマイクロシステムである。子どもの場合、家庭での親子関係や兄弟関係、学校での教師との関係や友人関係などがこれに該当する。マイクロシステムで経験したことは、直接子どもの発達を規定すると考えられる。

　次のメゾシステムは、マイクロシステム同士の関係性やマイクロシステム内での人間関係などである。たとえば、夫婦関係や教師と親との関係などがこれにあたる。

　エクソシステムは子どもに直接関係しないが、マイクロシステムに影響しうる環境で、両親の職場や兄弟のクラス、教師の友人関係などがこれに該当する。一般的に、子どもが教師の友人と直接やりとりする機会はあまりないが、教師が安定した友人関係を築いていれば教育実践にも前向きに取り組めるなど、間接的に子どもの発達に影響を及ぼすこともあり得る。

　マクロシステムは、文化や社会や歴史などを背景として、その社会に通底する考え方や価値観などである。

　当初ブロンフェンブレンナーの考えるシステムは以上の4種類であったが、後にクロノシステムが加えられた。クロノシステムは、時間の流れとともに変化するシステムを指し、親の離婚や兄弟の誕生、本人の入学や病気などが

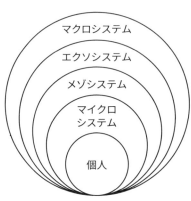

図2-5　ブロンフェンブレンナーの
　　　　生態学的環境
Bronfenbrenner（1979 磯貝・福留訳 1996）
より作成

該当する。

　子どもは、さまざまなレベルの環境に直接的・間接的に働きかけると同時に環境からも影響を受けている。子どもが置かれている環境について重層的にとらえる視点が必要である。

3. 乳幼児期の育ち

　発達心理学領域では、発達段階の区分として、「胎児期」「乳児期」「幼児期」「児童期」「青年期」「成人期」「老年期」を想定している。乳児期は、0歳から1歳半頃までの時期を指し、そのうちとくに誕生後生後1か月までの期間を新生児期という。また幼児期は1歳半頃から小学校入学前までを指す。人間の発達の可塑性の高さについては先に述べた通りだが、発達において乳幼児期はとくに変化が大きく、生きていく上で必要となる力の基盤を育む大切な時期である。この節では主に乳幼児期の子どもの育ちに触れ、児童期以降への接続について考えたい。

(1) 運動発達

　乳幼児期の子どもはさまざまな面で発達するが、身体機能や運動の発達も著しい。身体機能や運動発達は、単に運動ができる・できないというだけではなく、子どもの意欲や対人コミュニケーションなど、心身の健康にも大きく関連している。

1) 原始反射（新生児反射）

　新生児期の子どもには、神経中枢を介さない反射行動が見られ、それらの反射は原始反射や新生児反射などとよばれる（表2-4）。反射の種類によって時期は異なるが、いずれの反射行動も、生後まもなくから見られる。たとえば、口唇探索反射や吸啜反射があるため、誰に教えられるでもなく生後すぐに乳をのむことができる。なお、子どもが意識的に身体を動かす随意運動が始まる頃に反射は消失する。原始反射は生後すぐから乳児が世界に適応し、生き抜いていくために人が生まれながらに備え持ったメカニズムであると言えるだ

表 2-4　代表的な原始反射

名称	消失時期の目安	反射の内容
モロー反射	生後6か月	急な落下に対して、抱き着くように両手を広げる動きをする。
把握反射	生後4～6か月	手のひらを圧迫すると手指を曲げ握りしめる。
	生後9～11か月	足の指の付け根付近を圧迫すると、指を曲げ握りしめる。
口唇探索反射	生後3～4か月	子どもの口唇や頬に物が触れると、顔をその方向に向けて唇を突き出す。
吸啜反射	生後3～4か月	指を子どもの口に入れると、吸いつく。
自動歩行	生後1～2か月	歩行反射ともいう。子どもの身体を垂直に支え、前方に傾けて足を床面につかせると、足を屈伸して歩くような動きをする。
緊張性頸反射	生後6か月	仰向けに寝ている子どもの顔を急に一方向に向けると、顔が向いている方の手足を伸ばし、反対側の手足を曲げる。

吉田（1995）より作成

ろう。

2) 随意運動

　随意運動が見られるようになると、順を追って「寝返り」、「ずり這い」や「お座り」、「はいはい」、「つかまり立ち」、「つたい歩き」等を経て「ひとり歩き」ができるようになる。安定して歩くことができるようになると行動範囲は広がり、体の動かし方は多様化し洗練されていく。

　幼児期に遊びを中心に身体を十分に動かすことは、「体力・運動能力の向上」「健康的な体の育成」「意欲的な心の育成」「社会適応力の発達」「認知的能力の発達」に影響する（文部科学省，2012）。しかしながら、近年では社会情勢の変化により、子どもの運動の機会が減っていることから、2012年に幼児期運動指針が策定され、幼児期に身につけたい基本的な動きとして「体のバランスをとる動き」「体を移動する動き」「用具などを操作する動き」の3分類が挙げられている（表2-5）。

表2-5　幼児期に獲得しておきたい基本的な動き

〈体のバランスをとる動き〉
立つ、座る、寝ころぶ、起きる、回る、転がる、渡る、ぶら下がる
〈体を移動する動き〉
歩く、走る、はねる、跳ぶ、登る、下りる、這う、よける、すべる
〈用具などを操作する動き〉
持つ、運ぶ、投げる、捕る、転がす、蹴る、積む、こぐ、掘る、押す、引く

文部科学省（2012）より作成

（2）愛着の発達

　乳児が、生後間もなく特定の養育者との間に築く深い情緒的な絆をボウルビー（Bowlby, J.）は「愛着（アタッチメント）」とよんだ（愛着については第5章も参照）。愛着は人間関係の基礎となり、その後の発達にも影響すると考えられている。多くの研究が行われているが、代表的なものを以下に紹介する。

1）愛着行動

　愛着行動とは、愛着対象の近くを維持するための行動である。ボウルビーは愛着行動が4つの段階で発達すると考えた（表2-6）。第1段階では、相手が誰であっても愛着行動を示すが、第2段階では自分にとって大事な人を見分けられるようになり、特定の人に対してのみ愛着行動を示すようになる。第3段階では、身体の発達の影響も相まって多様な愛着行動を示すようになり、愛着対象を安全基地として、周辺を探索するようになる。第4段階では、目

表2-6　愛着の発達段階

第1段階	人物の弁別をともなわない定位と発信	誕生～12週ごろ
第2段階	1人（または数人）の弁別された人物に対する定位と発信	12週～6か月ごろ
第3段階	発信ならびに移動による弁別された人物への接近の維持	6か月ごろ～2、3歳ごろ
第4段階	目標修正的協調性の形成	3歳～

Bowlby（1969 黒田他訳 1991）より作成

の前に愛着対象がいなくても内的なイメージで安心できるようになり、常に一緒にいなくても大丈夫だと思えるようになる。

２）代理母実験

ハーロウ（Harlow, H. F.）は、生後間もないアカゲザルの赤ちゃんを親から離し、２種類の代理の母親のもとで過ごさせて様子を観察した。一体は針金でできていてミルクが出る代理母で、もう一体は布でできているがミルクが出ない代理母である。観察の結果、アカゲザルは空腹を満たす時のみ針金の代理母のところへ行き、他の大部分の時間を布の代理母に接触して過ごすことが明らかになった。この研究成果は、「養育者は子どもの生理的な欲求を満たす存在であるため愛着対象になる」という、当時の愛着形成に関する考え方への反論として大きな役割を担った。

３）ストレンジ・シチュエーション

エインズワース（Ainsworth, M. D. S.）は愛着には個人差や文化差があることに着目し、ストレンジ・シチュエーションという方法で愛着の類型化を試みた。ストレンジ・シチュエーション法は、子どもが親と離れる状況を設定して、親がいなくなる場面や親と再会した場面での子どもの反応を確認するものである。エインズワースは愛着のパターンをA、B、Cの３パターンに分類したが、その後の実証研究の中で３つのどれにも当てはまらないパターンがあるということが明らかになり、４つめのDタイプが加わることとなった（表

表2-7　ストレンジ・シチュエーションによる愛着の４タイプ

Aタイプ （回避型）	子どもが養育者に関心を示さず、回避的な行動をとる。分離・再会の際も混乱しない。
Bタイプ （安定型）	子どもが養育者に安定した愛着を示す。分離時は混乱したり泣いたりするが、なだめられると比較的すぐおさまる。再会を喜び、養育者を安全基地として探索行動をとる。
Cタイプ （アンビバレント型）	養育者に対して愛着はあるものの、分離時に強い混乱や不安を示し、再会しても気分がなかなかおさまらない。探索行動は難しい。
Dタイプ （無秩序・無方向型）	A，B，Cのいずれにも該当しない。不自然でぎこちない動きをしたり、突然おびえたりするなど、矛盾する行動を示す。

2-7)。Dタイプの愛着形成の背景には、不適切な養育や養育者の精神的な不安定さが関係している場合があると考えられている。

(3) 言語の発達

乳幼児期に生じる大きな変化の一つは、言葉を話すようになることである。子どもはどのようにコミュニケーションをとる力を身につけるのだろうか。

1) 言葉の前のコミュニケーション

言葉を話す前の乳児は、言葉以外のサインで自分の意思を表しているため、乳児の示すサインに周囲が応答し、子どもが反応するという形でコミュニケーションが可能である。

発声に目を向けると、生後半年頃には「ママ」「ダダダ」などの（規準）喃語を発するようになる。喃語は段階を経て変化し、初めての言葉を話すようになる頃まで続く。

2) 共同注意

乳児は生後しばらくの間「自分と物体」「自分と他者」というように自分と対象のみの二項関係で世界をとらえるため、他者と何かを共有することは難しいが、9か月頃から「自分と他者と物体」というように三項関係でとらえられるようになる。他者と同じ対象に注意を向け共有する共同注意が可能になるため、相手が見ているものを目で追う視線追従や、相手に見てもらいたいものや相手に取ってもらいたいものを指で示す指さし行動が見られるようになる。

3) 初語

1歳頃に子どもが初めて話す意味のある言葉を初語とよぶ。初語の意味は周りの大人がどう解釈するかにもよるが、子どもの欲求に結びつく形で習得されることが多いと言われている。子どもの言語習得のペースには大きな個人差があるものの、初語の獲得以降は時に驚くほどのペースで語彙数を増やし、文法なども徐々に使えるようになる。

4) 一次的ことばと二次的ことば

子どもが乳幼児期から獲得する言葉を一次的ことば、児童期以降に獲得する言葉を二次的ことばとよぶ（表2-8）。一次的ことばは、現実的な生活場面

の中で、特定の親しい人を対象に、会話の中で使われる話し言葉である。その一方で二次的ことばは、実際の生活場面からは離れてことばの文脈そのものに頼って使われ、不特定多数の人や聞き手一般を想定して、自分側から一方向の伝達で使われる。二次的ことばには話し言葉だけではなく書き言葉もあるため、音声のみならず文字での表現である場合もある。なお、二次的ことばの獲得をもって一次的ことばが終わるのではなく、二次的ことばに影響されて、一次的ことば自体も変容する（岡本，1985）。活動場面や人間関係の幅を広げる中で、子どもの言語能力は重層的に発達し、その後の学習や生活を支える力となっていく。

表2-8　一次的ことばと二次的ことばの特徴の比較

コミュニケーションの形態	一次的ことば	二次的ことば
状況	具体的現実場面	現実を離れた場面
成立の文脈	ことばプラス状況文脈	ことばの文脈
対象	少数の親しい特定者	不特定の一般者
展開	会話式の相互交渉	一方向的
媒体	話しことば	話しことば 書きことば

岡本（1985）より作成

5）子どもの言い誤りにみる子どもの能動的な学びとり

　子どもの言い誤りはどのようにとらえることができるのだろうか。岡本他（2004）は、子どもの言い誤りについて、子どもの言語発達が単に大人の模倣にとどまらない、積極的な学びとりの現れである可能性を指摘している。言い誤りの種類によっては、大人の言葉をそのまま模倣して取り込むのではなく、自分の知っている単語や理解している知識を活用して言葉を使おうとしているからこそ生じているものがある。言語発達において、子どもが触れる言葉の内容もさることながら、子ども自身が試行錯誤して間違えることを受容するような関わりも重要である。

(4) 認知の発達

認知とは、対象を感じとり、それが何であるかを考えたり解釈したりすることを指す。認知は、その過程に知覚、記憶、思考なども含んでおり、学習や社会性にも関連する。認知の発達について以下に触れる。

1) 認知の発達段階

考える力はどのように育っていくのだろうか。ピアジェは、認知の発達をシェマ（物事を理解する際の思考の枠組み）の発達であるととらえ、子どもの知覚や思考の発達について、感覚運動段階、前操作段階、具体的操作段階、形式的操作段階という4段階に区分している。

感覚運動段階は、乳児期に見られる認知の段階である。対象を触ったり、口に入れたり、叩（たた）いたりするなど、自身の動作や感覚によって探索し、理解を深める段階である。

前操作段階は、幼児期に見られる認知の段階である。言葉が話せるようになり、心の中でイメージしたり（表象機能）、イメージを言葉に置き換えたり（象徴機能）することができるようになる。ごっこ遊びや見立て遊びは、表象機能や象徴機能の獲得の現れであると考えられる。目の前に存在しないものについて頭の中で考えることができるようになることは、思考のあり方としては大きな転換である。その一方で、前操作期の子どもは、対象の見た目などで判断することも多く、大人の論理的な思考とは異なる部分もある。

具体的操作段階は、児童期にあたる。論理的な思考ができるようになるが、実際に具体物がある場合や、自分の経験から考えられるような場合に限られるという、やや制限のある段階である。

形式的操作段階は青年期にあたる。この段階では、具体的な内容から離れ、抽象的な対象や現実には起こり得ないような仮定の内容についても論理的に考え、検討もできるようになる。

2) メタ認知

うまくいかないことがあった時に、少し立ち止まって考えてみたり、うまくいかない原因を考えて別のやり方を試してみたりすることはないだろうか。このように「自分の考えていることについて考えること」をメタ認知という。

26　第一部　教育心理学の基礎

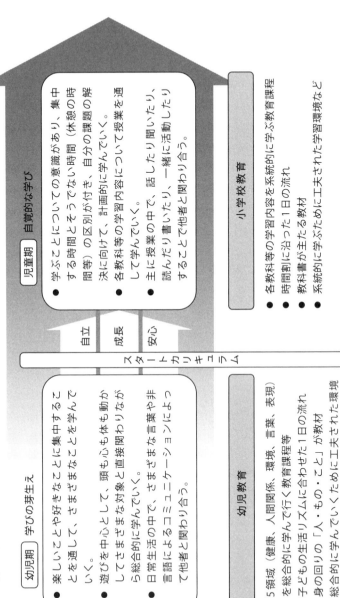

図 2-6　学びの芽生えと自覚的な学びをつなぐスタートカリキュラム
文部科学省国立教育政策研究所教育課程研究センター (2015) より抜粋

メタ認知には、自分の考えや行動をモニターする役割と、適切な方向へと導く調整の役割があり、学習をする上で重要な役割を果たすものである。メタ認知の芽生えは幼児期に見られ、児童期以降に大きく発達する。

(5) 幼小接続期の子ども

児童期は、小学生の時期にあたる 6 歳から 12 歳頃を指し、身体面のみならず、認知面、社会性の面などにおいても大きな変化がある。子どもの生活に目を向けると、乳幼児期までの自由な活動や遊びが中心の生活とは異なり、児童期からは小学校生活が始まり、ある程度のルールを共有しながら集団で学び過ごすという環境移行を体験する。近年、こうした環境の変化に適応しきれない「小 1 プロブレム」が問題視されたことをきっかけとして、子どもたちが環境移行を乗り越えられるよう、2008 年にスタートカリキュラム（図 2-6）が示された。スタートカリキュラムは、小学校での学習や生活に適応できるよう入学当初に実施される計画であり、子どもの学びや育ちの連続性を考慮した取り組みである。

幼児期の子どもたちが、遊びの中で体験して身につけた多くの知識は、児童期の深い学びの土台となる重要なものである。幼児期と児童期の教育の違いや学びの連続性を理解した上で、幼児期には児童期以降を見通して子どもと関わること、児童期以降にはそれまでの子どもの学びや育ちの状況を確認しながら子どもと関わることが求められる。

文献

安藤寿康「行動の遺伝学 ― ふたご研究のエビデンスから」『日本生理人類学会誌』22(2) (2017) pp.107-112.

Bowlby, J.『*Attachment and loss. Vol.1. Attachment*』Hogarth Press 1969（ボウルビイ，J. 黒田実郎・大羽蓁・岡田洋子・黒田聖一（訳）『新版　母子関係の理論Ⅰ　愛着行動』岩崎学術出版社 1991）

Bronfenbrenner, U.『*The ecology of human development. Experiments by Nature and Design*』Harvard University Press 1979（ブロンフェンブレンナー，U. 磯貝芳郎・福留護（訳）『人間発達の生態学 ― 発達心理学への挑戦 ―』川島書店 1996 pp.3-46.）

Erikson, E. H.『The life cycle completed』New York: W.W.Norton & Company 1982（エリクソン，E. H. 村瀬孝雄・近藤邦夫（訳）『ライフサイクル，その完結』みすず書房 1989 pp.71-78.）

Havighurst, R. J.『Developmental tasks and education (Third edition)』New York : Longman Inc 1972（ハヴィガースト，R.J. 児玉憲典・飯塚裕子（訳）『ハヴィガーストの発達課題と教育』川島書店 1997 p.3.）

菊池章夫「発達課題再見：Hさんを読み直す」菊池章夫・二宮克美・堀毛一也・斉藤耕二（編）『社会化の心理学／ハンドブック』川島書店 2010 pp.45-58.

久保田健夫「子どもの脳の発達に関するエピジェネティクス研究 — 神経発達と精神発達の理解のための過去30年間の論文レビュー」『聖徳大学研究紀要 聖徳大学 31 聖徳大学短期大学 53』(2020) pp.73-80.

三宅和夫『子供の個性 — 生後2年間を中心に』東京大学出版会 1990 pp.33-38.

文部科学省『幼児期運動指針』2012

文部科学省『スタートカリキュラム スタートブック』文部科学省 国立教育政策研究所教育課程研究センター 2015

岡本夏木『ことばと発達』岩波新書 1985 pp.31-69.

岡本依子・菅野幸恵・塚田 — 城みちる『エピソードで学ぶ乳幼児の発達心理学』新曜社 2004 pp.177-193.

Portmann, A. 1951『Biologische Fragmente zu einer Lebre vom Menschen』Basel: Verlag Benno Schwabe & Co. 1951（ポルトマン，A. 高木正孝（訳）『人間はどこまで動物か』岩波書店 1961 pp.26-41.）

内田伸子「子どもは変わる、大人も変わる — 人間発達の可塑性 —」『コミュニティ心理学』10(1) (2006) pp.1-11.

第3章 学習と記憶の心理学

　私たちは日々新しい経験を積み重ねている。失敗した経験は次の類似の場面での行動を抑制し、成功した経験は次の類似の機会での同じ行動選択への結びつきを強める。

　生物にとっては、期待した結果や生存のために必要な結果が得られない行動は「失敗」であり、それを何度も繰り返すのは環境不適応、さらには生存自体の脅威となる。環境適応は行動選択の原則であり、その目的に沿って行動の抑制や消去は発動される。

　ヒトの乳幼児期の発達の様相のうちで最も目覚ましい移行を示すのは言語の獲得である。外界環境の物理的事象は、神経興奮と抑制の個別的事象として感覚経験を喚起する。子どもは、たとえば一連の音のつながりを意味のある音韻として受け取るようになり、「意味あり気な」音韻はやがて対象を想起する手がかり（表象）の機能を獲得する。それは子どもの成育経験を経て言葉という道具として体系化され、子どもは操作的思考を獲得して他者とコミュニケーションするようになる。これはどのような過程と言うべきであろうか。「経験を積み重ねる」とは、どのようなことだろうか？

　さらに本章では、記憶の諸相における基本を紹介する。記憶こそは他者と自己、そして環境と自己を結び、明日につなぐ事象の要である。

1. 学習の心理学

(1) 本能（生得的）行動と獲得性（学習性）の行動

　初めに述べたとおり、得られる結果の適切さと不適切さにより、行動は抑制・消去もしくは事態との連合の強化のいずれかに分岐する。ただしこのよう

な仕組みとは別に、行動には本能（生得的）行動も含まれているので区別しておかなければならない。

　本能行動比率の高い動物、たとえば鳥類は季節になると巣を作り、卵を産み、雛を育てる。婚姻行動から営巣、抱卵、雛鳥の養育などの規則的な系列を整然と遂行する。一つひとつの行動は複雑で、1世代の短い生涯の中でこのような複雑な「子育て」行動を後天的に経験的に獲得できるとはとても思えない。自然界に生きる動物の、生存と種の存続に関わる行動には、個々の種に備わった生得的で本能的な適応行動発動の仕組みが備わっている。

　人間の場合は後天的に、外界環境との相互作用の中で獲得する行動の比率が高い。

　このように行動は大別して、本能（生得的）行動、生後の経験で獲得する学習性の反応や行動に分けることができる。

(2) 行動の学習

　従来「学習心理学」として紹介されてきた基本事項を以下紹介する。一つひとつの事象は、幼児・児童・青年の生活場面でも生起する事象に沿っているという視点でとらえることができるだろう。知識として取り入れ、実生活場面で「教科書的な」事象を気づけるようになると「心理学は楽しく有用性が高い」と感じられるだろう。

(3)「学習」をどのように定義するか

　本能行動は生得的で合理的、無駄がない。一方で、環境の変化には弱い。生体が環境に対する適応の幅を広げるには、変化した環境に合わせて新しい行動様式を習得する必要があるからである。

　学習とは、経験によって獲得される比較的永続的な行動の変容である。あるいは、学習とは状況と行動と結果が、経験によってつながることを指すということもできる。

(4) 初期経験の意味

ここでは誕生後間もない頃の経験、すなわち初期経験の効果について紹介する。

1) 刻印づけ（インプリンティング）

鳥類など、生まれた直後の個体（幼体）が生存するためには親による保護が必要である。最も身近な母親に愛着を形成し、他のものに無闇に追従しないような仕組みがあると有利である。

「刻印づけ（imprinting）」は、「生まれて最初に出会うものが親である」というプログラムが生得的に組み込まれている事象として知られている。「刷り込み」は、どのような時期にも起こるわけではなく、一定の時期「臨界期」を過ぎると生じなくなる。鴨の雛の場合、生後16時間で追尾行動はピークとなり生後32時間を過ぎた後では刻印づけは起こらなくなると報告されている。また、一度刷り込みが完了した雛は、他のものには追従しなくなる。

この行動が通常の学習と大きく異なる2つの特徴は、不可逆性と、臨界的な時間制限「臨界期（critical period）」である。臨界的な時間制限のシステムとは、通常の学習が生涯のどの時期でも生起するのに対し、刻印づけは、出生後の一定期間に限られることや刷り込まれた行動が雛の安全な成育のためにはすでに適切ではなくなった時点以降も生涯変更されないという特徴において独特な現象である。

2) 知覚の初期経験

鳥居（1982）は、正常な知覚の成立には「普通の経験」が必要であると報告している。人生初期・早期に視覚機能を障害された人たちで、思春期以降に手術によって視力回復の治療を受けた事例の視能訓練に携わった経験を克明に報告した。

ヘルドとゲイン（Held, R. &

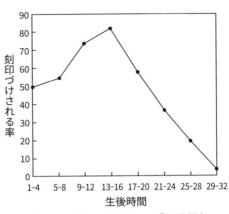

図3-1 刻印づけ確率と「臨界期」

Gein, A., 1963) の研究も示唆深い。ヘルドらは猫の自発的で能動的な動作にともなう視空間の遷移の経験を剥奪（はくだつ）した養育が、後の能動的な身体と外界視空間に対する協応動作に障害を生起させた。空間の視知覚機能獲得には、器質的な条件だけでなく生後の早期から自分の意思で活動し、それにともなう環境の光学的変化の感覚的フィードバックを受け続けること、すなわち初期学習の経験が必要である。

　人間の場合、人生の初発から早期経験を積み重ねて獲得する機能は多岐にわたる。なかでも言語的表象の獲得はヒトの人生を通じてきわめて重要な課題である。言語発達の初期経験に関するあまたの研究も蓄積されている。乳児の言語音声の知覚は6か月齢時にはすでに母語の音声経験によって異なった方向づけを得ていると指摘されている。すなわち母語の言語に典型的な音韻特性を抽出して知覚するための基本的枠組みが胎内環境においてすでに方向づけられていることを示す研究報告もある。

(5) オペラント（道具的・自発的）条件づけ

　行動の結果として得られる刺激情報は、外部環境に適応する行動選択を形成するためには重要なフィードバックである。ヒトは、生後の経験の中で、刻々と変化する個別事象の変動や共通性を抽出して行動を獲得する。行動によって得られる結果のうちで、次の類似の状況に遭遇する時に類似の行動選択へ向かう連合を強めるのは、その個体にとって快適な緊張が低減される状態である。行動の適切性の手がかりは、自分が選択した行動と、結果として自分の外界の変化を含む状況から得る。私たちは自分の行った動作と、視覚的に取り入れた情報の変化（光刺激に対する網膜細胞から大脳の視覚神経の興奮と抑制のパターン、あるいは「見え」の移り変わり）とを結びつける処理を絶えず行っている。

　1）効果の法則

　オペラント条件づけ学習（operant conditioning）は、「道具的条件づけ（instrumental conditioning）」と呼称することもある。特定の結果を得るための手段や道具として特定の行動を獲得することを指す。この行動は主体の意思

による「随意的」で「自発的」なものである。道具的条件づけ、オペラント（自発的）条件づけは、事象に対するほぼ同格の呼称である。

　この「道具的条件づけ」を最初に研究したのは、ソーンダイクである（Thorndike, E. L., 1898）。ソーンダイクは、猫を問題箱（puzzle box）に入れて、箱の扉を開くための適応行

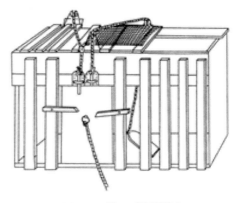

図3-2　猫の「問題箱」

動（道具的な試行）を観察した。箱は、猫が中の踏み板を踏むと紐が作動して扉が開く仕掛けになっていた。猫は、多くの行動の中から偶然に踏んだ踏板が扉を開けて外に出る結果に結びつくことを数回の試行で獲得した。猫の脱出に要する時間は試行ごとに短縮された。ソーンダイクは、この「試行錯誤（trial and error)」により、猫の中で状況と反応（行動）の連合が生じるとし、この連合の過程を「学習」とした。快の結果をもたらす行動は、その後の類似の状況では生起しやすくなり、快をもたらさない行動は生じにくくなる。このことを「効果の法則（law of effect）」という。

　2）スキナー（Skinner, B. F.）のオペラント条件づけ

　スキナーは、さらにシステム化した実験研究を行った（Skinner, 1938）。オペラント条件づけの基本的枠組みは、刺激、反応、結果という3つの要素から成り立つ三項随伴性で示される。図3-3は、スキナー箱で、適切なシグナル（状況）のもとで、適切な反応（レバー押し）をすると、快の結果（餌＝報酬）が得られるという道具的条件学習の基本パターンを図式化したものである。快の結果（報酬reward）は、それをもたらした特定の状況に対する特定の反応の結びつき（連合）を強めるので、「強化子（reinforcer）」とよぶ。

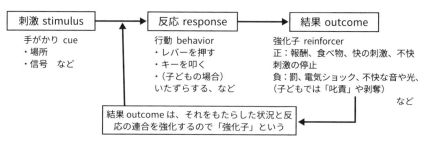

図 3-3　単純な S-R 連合：オペラント型学習と刺激－反応強化

3）刺激性制御：般化と弁別

　学習実験に用いられるスキナー箱では、多様で複雑な強化スケジュールを設定することができる。たとえば、赤いシグナルが点灯したらキーをつつく反応をするように設定したスキナー箱でハトを訓練する。セッションの当初、ハトは赤いシグナル点灯の手がかりがなくても反応する。強化子としての給餌（きゅうじ）がなされない手がかり刺激でも同じような反応が自発される。結果が連合しない手がかり刺激以外にも反応することを「刺激般化」という。手がかり刺激→反応（キーをつつく）→給餌の手続きを繰り返すうちに、給餌と結びつく「赤いシグナル」手がかりに対する反応は速くなり反応確率が増加し、他の手がかり刺激のシグナル色に対する反応速度や確率は低下する。

　他方、互いによく似た刺激でも一方に対する反応の結果が徹底して快報酬であり、もう一方を無報酬であるか不快刺激にするなど区別して訓練すると、動物はしだいに２つの刺激に対して異なった反応をするようになる。このように、刺激によって異なる結果をともなわせて、異なる反応を学習させることを弁別訓練と言う。ただし、犬のように嗅覚は鋭いが色覚が弱いなど、その動物の持つ知覚機能や反応特性を考慮しなければならないのは言うまでもない。図 3-4 は、弁別学習によって刺激に対する反応率に差異を示すようになったハトの反応データである。

　私たちの生活の中でも、行動の手がかりとなる刺激状況は多様である。乳児が、いつも世話をしてくれる親と見知らぬ大人を区別して不安を示す行動を「人見知り」とよぶが、この行動の発達にも弁別学習の過程が含まれている。

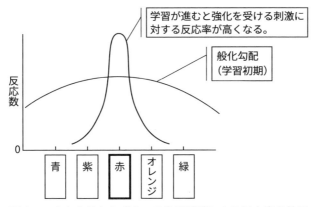

図 3-4　赤色と他色シグナルの弁別訓練による反応率の差異

　また、子どもの社会的ルールの学習についても、弁別学習の過程を当てはめることができる。子どもは、親など周囲の大人から望ましい行動を誉められ、不適切な行動を無視されたり叱られたりしながら、社会的に認められる行動規範を学習する。たとえば、キャンディをなめるという行動も、それが「おやつの時間」として認められている時であれば、大人は優しく見守り「おかわり」まで与える。しかし、学校の授業時間に先生が許可していないのにキャンディをなめている子どもに対しては、先生はその行動を厳しく叱る。同じ「キャンディをなめる」行動であっても、状況が「おやつの時間」と授業時間とで弁別されるべきであることを、子どもは周囲の大人の反応から受け取る。行動の結果としてのフィードバック（容認・奨励、もしくは叱咤・罰）から学習する。子どもの社会的ルールや生活習慣の学習で重要なことは、行動のフィードバックとしての結果が一貫していることである。一人の親が一貫性を心がけるだけでなく、父親、母親、祖父母、その他周囲の大人によるフィードバック（結果）が一貫していることは、社会的な適応行動を獲得する学習経験として重要である。
　スキナー以降、多くの応用的な学習実験が実施された。そこから動物が複雑な状況と反応（行動）、そして結果の連合であっても学習できることも確認された。反応（行動）は結果に連合するが、連合の状況を示す実験でも、被験

体の種類によって利用可能な手がかり刺激は異なる。実験室という限定的な状況における動物の学習行動を観測することが、人間の行動事象を推定し説明することができるのかという批判を受けることも多いのが学習心理学を中心した実験心理学である。しかし、今日の行動療法などで、臨床の現場で、広く適用されている「行動分析」には学習心理学研究の分厚いデータや知見が活用されている。

　子どもや大人の適応・不適応行動を詳細に観察すると、前駆的な状況と行動の連合を見いだすことができる。基本的な「刺激（状況）の弁別」がきわめて大きな課題であることがわかる。不適応行動への介入は、臨床の水準以前にも児童・青年そして成人の生活場面でも求められるのであり、行動発現の過程には多様な「弁別学習」が含まれていることを確認するのは難しくはない。

4）動作・技能の学習

　三項随伴性を最も単純に当てはめることができるのは、運動技能のトレーニングや感覚と行動の協調を必要とする技術の訓練場面である。

　初めてテニスのラケットを持って、飛んでくるボールを打ち返そうとした経験を思い出すと、初めは自分の視界に見えている対象物や状況、そして自分の身体の動きを効果的に無駄なく調整する練習、すなわち、刺激、反応、結果の三項随伴性学習が必要だということがわかる。刺激（対象と自身の身体という状況）、反応（状況に対して身体を調整して動かす）、結果（対象に効果的なストロークができれば、対象物の理想的な動きを見ることができる）という3つの過程を繰り返すことを、私たちは「練習」「訓練」そして「学習」と呼んでいる。三項随伴性の学習過程はシンプルであるが応用性は高い。たとえば人工知能と処理・判断の結果を出力する機材を組み合わせた自律型ロボットの開発は心理学者にとっても興味深い事項である。自動的な自己学習が可能なAIは現時点ではそれでも人間と異なっている。動作のモジュールを初めからオープンにすることは可能である。「最適動作」の過程をより迅速に検証する時代が来ている。AIはモデルとして、人間の動作・技能の学習過程を検討する新しい手がかりとして活用できるだろう。

5）強化スケジュール

オペラント条件づけでは、必ずしも反応ごとに毎回、報酬（結果）が与えられなくても学習を成立させることができる。報酬の与え方を学習心理学では「スケジュール」とよぶ。基本的には表 3-1 のように、時間間隔と反応回数との比率を操作する方法がある。

表 3-1　強化スケジュールの基本型と生活場面での例と特徴など

	反応数に基づく	時間経過に基づく
規則的	定率強化（FR） 予め定められた回数の反応をすると 1 回ずつ強化される。 例：出来高払いの労働と賃金など。	定時隔強化（FI） 反応数に関わりなく、既定の時間が経過すると、その時に起こった反応を強化する。時刻が近づくと反応頻度が上がる。 例：料理ができ上がるまで鍋を覗き込む行動。
不規則的	変率強化（VR） 1 回の強化に要求される反応数が不規則に変化する。強化後の反応休止はなく、高頻度の反応が続く。 例：ギャンブル行動。	変時隔強化（VI） 1 回ごとの強化の到来時刻が不規則に変化。低頻度で持続的な反応が続く。 例：話し中の時が多い友人へ、電話をかける行動。

子どもがSNSを使うことが珍しいことではない今日では、このような強化スケジュールの特性データを基に、彼らの遊び方に注意する必要性が高まっている。課金型の当選を狙うゲームでは、変率強化型の設定になっていることが多く、当選率は当然開示されてはいない。動物実験における強化スケジュールでは最も長く高い確率で反応が持続されるのは変率強化型である。このことは「ギャンブル依存症」のモデルと言われている。子どものゲーム課金の額に衝撃を受ける前に、子どもがどのようなゲームで遊ぼうとしているか、初動の段階で周囲の大人が注意をする必要がある。

6）逃避・回避訓練

基本的なオペラント条件づけ学習は、餌などの快刺激が反応の結果として獲得される。しかし三項随伴型の条件づけ場面には不快な嫌悪刺激が結果（負

の強化子）として与えられるプログラムもある。さらに嫌悪刺激を逃避・回避する行動を条件づける設定であれば、嫌悪状況からの逃避・回避の達成は強化子として機能する。そのような学習は「回避学習（avoidance learning）」という。

ミラー（Miller, N. E., 1948）の回避学習実験では、電気ショック通電格子床の区画に置かれたラットを予告刺激（ブザー音など）の手がかりによって、適切な回避反応（安全な区画に移動する）を起こすように条件づけする。不快な電気刺激を逃避・回避することができれば適切な反応として、以降の手がかり刺激による逃避・回避反応との連合は強化される。この形式の学習の大きな特徴は、電気ショックの手続きを取り除いても長く学習性の反応が続き、「消去」はなかなか起こらない点にある。この特徴はマウラー（Mowrer, O. H., 1960）の「回避学習の二要因説」の大きな拠り所となった。回避学習に関わる2つの要因とは、これまでに説明してきた道具的（オペラント）条件づけと、後に説明する古典的条件づけの二つの過程を含む学習である。

7）学習性絶望（無力感）

逃避・回避学習の分野では興味深い現象も発見されている。

通常の回避訓練を行う前の犬を、逃避不可能な状態に拘束して、繰り返し電気ショックをあたえると、その後に回避可能な状況に置いても、犬は回避行動を学習することに失敗する。この現象を最初に報告したのはマイヤー（Maier, S. E.）とセリグマン（Seligman, M. E.）であった（Maier et al., 1969）。図3-5は、拘束・電気ショックの前学習の後の、ミラー型回避学習箱での犬の様子を示している。通常なら電気ショックを与えられている状況から逃避したり、何回かの試行のうちには予告刺激のブザー音が呈示されるとすぐに安全な床の区画に移るといった回避行動を学習するはずの動物である。しかし回避不能な拘束状態で電気

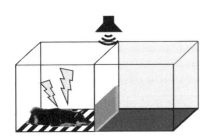

図3-5　絶望を学習したイヌは、回避行動ができず、嫌悪刺激を受け続ける

ショックに曝（さら）されるという前学習を受けた動物は、後に床に通電されている状況でも何もできず、そのままじっとしていたのであった。

　セリグマンは回避学習場面で観察されるこの特殊な「失敗」についての解釈を行った。それは、回避不可能な電気ショックを受けている間に、自分の反応はショックの終結に何の関係も持たないこと、「自分が状況に対してはまったく無力である」ことを学習してしまったのであり、後に逃れる機会を与えられる状況下に移行しても、何の反応も起こせなくなったと説明した。セリグマンの説明で強調されたのは「絶望（hopelessness）あるいは救いのなさ（helplessness）」である。この現象は人間のうつ病の状態像と似ていることから、うつ病の動物モデルと考えることができると、セリグマンは述べ、後の論争を巻き起こした。

　人間のうつ病や「抑うつ気分」には、ベックら（Beck, A. T., Rush, A. J., Shaw, B. F., & Emery, G., 1979）、ブルーウィン（Brewin, C. R., 1985）、アブラムソンとメタルスキーら（Abramson, L. Y., Metalsky, G. I., & Alloy, L. B., 1989）が、事態そのもの以上に、その人自身がどのような事態の認知的理解をしているか、認知スタイルや原因帰属などの反応バイアスによって「無力感」のインパクトが異なることがあり、それを考慮する必要性を指摘した。

8）社会的学習：観察学習と代理強化

　人間の学習が動物の学習と異なる側面は他にもある。その1つとして重要なのは、他の人の行動を観察することや、体験を語るのを聞いて学ぶ社会的学習や、モデリング、あるいは観察学習が人間にはあるという点であろう。

　代理強化を含む観察学習については、バンデューラ（Bandura, A., 1977）の幼児の観察学習実験がよく知られている（観察学習およ

図 3-6　「観察学習」暴力的な映像を見た後の子どもの攻撃的な遊び

び代理強化については、第4章も参照）。バンデューラらは、実験室に招待した子どもに大人のモデルが人形と遊ぶ様子を短い映画として呈示した後で、遊戯室でモデルが使っていたのと同じ遊具を含むさまざまな遊具を提供して、子どもたちがどのような遊び方を選択するか観察した。

　大人のモデルが人形に乱暴する場面を呈示された子どもの後の遊戯室での遊びは、モデルと類似の行動の模倣になりやすいことが観測された。バンデューラは1970年代に発表した著書の中で、家庭で子どもたちが見ているテレビ番組や映画などメディアからの刺激情報が、子どもの社会的行動の発達に大きな影響力を持つ可能性（危険性も）を指摘した。

　情報環境が子どもの手近にあり、自由に刺激情報を選択できる現代社会においてはバンデューラの先見的な研究から多くの警鐘を読み取ることができる。人生の早期に他者との心理社会的関係性をどのように構築するか、三項随伴性の中で反応が状況に連合強化される構造は極めてシンプルである。シンプルであるだけに、課題は容易に私たちの生活の中に浸透するからである。

(6) 古典的条件づけ

　「古典的（classical）」と名称される理由は、史実としてはこちらの現象の方がオペラント学習よりも先行して発見されたからである。入門書は「古典的条件づけ」を先行して紹介する場合が多い。本書が「古典的条件づけ」を後に配置するのは、この現象の日常性と印象の強さが、心理学入門者の「生活の中に学んだ知識を応用する」ことを過剰に喚起してしまう事例を多く観察してきたためである。ここでは前節の「オペラント学習」と「古典的条件づけ学習」の差異を考察しながら学ぶことを推奨する。

　1）「思わず〇〇してしまう」条件づけ

　自発的で随意的、道具的なオペラント学習に対して、古典的条件づけ（反応条件づけ）は、「〜が〜すると、思わず〜してしまう」のような、随意的・自発的・目的的ではない反応の条件づけである。生活場面では「そうしよう」と意図しなくても反応を起こす場面がさまざまある。梅干しは多くの人にとって、「聞いただけ、見ただけで"酸っぱい"」ものである。見ただけで酸っぱい

味を想起するだけでなく、実際に唾液が出てしまう。古武（1943）は、手の上に梅干しをのせて見つめるだけで、実際に口に入れて分泌される量ほどではないが、実際の場合の半分近い唾液分泌が起こると報告した。ただし梅干しを食べた経験のない人では起こらない。過去に梅干しを見て食べた経験を要する条件つきの反応、すなわち「条件反応（conditioned reflex：CR、条件反射ともいう）」である。梅干しを口に入れた時の唾液分泌は、梅干しの成分濃度を薄めて体液とのバランスをとろうとする生理的仕組みによるものであり、生活体にとって必要な「無条件反応（unconditioned reflex：UR、無条件反射ともいう）」である。このような無条件反応が、経験によって、それまで中立であった周辺刺激と連合して、よく似た条件反応が起こるようになるのは学習経験によるものである。

  2) パブロフ型（古典的）条件づけの基本

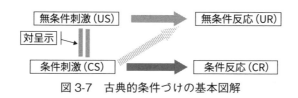

図 3-7　古典的条件づけの基本図解

　ロシアの生理学者パブロフ（Pavlov, I. P., 1928）は、生理学者としてイヌの胃液と唾液の分泌を調べていた。実験では、唾液の分泌を促進するために使った無条件刺激（unconditioned stimulus：US、生理的刺激ともいう）は、肉の粉であった。実験の過程でパブロフは、イヌが生理的刺激である肉粉を口の中に入れなくても、唾液分泌反応を起こすことを発見し、「心的分泌」（つまり今日の「条件反応」）を詳しく調べるようになった。

　条件刺激（conditioned stimulus：CS）と無条件刺激（US）とを一緒に経験させる操作のことを「強化（reinforcement）」という。

　古典的条件づけでは、条件反応（CR）は、手がかり刺激でもある条件刺激（CS）と、生理的刺激でもある無条件刺激（US）が、時間的に近い場合、特にCSがUSよりも少し先に呈示される形の時に、最も早く形成される。

3）情動の古典的条件づけ

　生命の危機に関わるような不快な無条件刺激と対呈示された中性刺激は、ただ1回の試行だけで連合を形成する場合もある。

　ワトソンとレイナー（Watson, J. B., & Rayner, R., 1920）は、11か月齢の乳児に古典的条件づけ型の手続きで、嫌悪反応の条件づけを試行した。そこでは、乳児が白ねずみ（中性刺激）と遊んでいる場面で、背後で身の危険を感じるほどの大音量で、鉄棒を叩く（恐怖反応を喚起する無条件刺激US）。乳児は恐怖で反射的に激しく泣く（UR）。

　この経験以降、乳児にとっての白ねずみは「怖い音（US）」と連合し、手がかり（CS）刺激としての「意味」を持つようになる。白ねずみ（CS）を見ただけで乳児はおびえて泣き（CR）、しかもその反応（CR）は、白いうさぎ、白いぬいぐるみ、サンタクロースの白いひげなど、白くてふわふわした対象でも喚起される「（反応）般化」まで拡大された。

　日常生活の中で恐怖反応の条件づけは起こりやすい。たとえば、体調のよくない時に満員電車に乗って通勤しようとして、結局、車内で気分が悪くなって倒れるなどの緊急事態を一度経験してしまうと、誰でも、その後充分に体調が快復したとしても、同じような満員電車に乗る気持ちになれないことがある。生命維持の脅威を含む事項については、古典的条件づけ学習は一度だけでも成立する。二度経験すれば「致死的危険」を意味するからである。

2．記憶の心理学

　つい最近まで心理学には「記憶力を伸長する」テクニックがあるはずで、勉強の効率を上げて成績アップに役立つことを教えてくれるのではないかと期待する人もいた。あるいはここで説明するような記憶の諸現象を紹介するだけで「私はアタマがよくないので、講義を聴いていると気分が落ち込む」と感想を寄せてくる受講者に出会うこともある。ヒトを自立・独立系としての情報処理システム単位ととらえるなら、記憶はヒトを主体的に動かすエネルギーそのものであり、ヒトの動きを支える根幹を成している。「私はアタマがよくないか

ら」という学生は、その重要さに言及しているということもできる。

　人類の歴史と文化は記憶の蓄積そのものである。記憶はきわめて個人的で内的でありながら社会的な事象ということもできる。

　心理学が現代科学の一分野として名乗りをあげたばかりの時代に記憶の科学的研究を創始したのはエビングハウス（Ebbinghaus, H.）である。伝説では、エビングハウス自身「忘れっぽい自分」に悩んだために記憶を研究したと言われている。エビングハウスは自分を被験者として1879-1884年まで記憶に関するさまざまな実験を行った。時代背景から推定されるとおり、ヴント（Wundt, W.）がライプツィヒ大学に内観法を実験手法とした構成心理学の研究室を開設したのと同時期の記憶研究である。操作的でいささか細かい測定手法をいくつも考案し試行している。たとえば純粋な記憶過程を取り出すための「無意味つづり」の考案は当時として革新的であり、1885年に発表された著書「記憶について」にも掲載されている。

　記憶とは、過去経験を記銘（符号化）し、保持し、後にそれを再現して利用する機能であり、記銘、保持（貯蔵）、再生（想起、検索）の3段階からなる。記憶は永遠ではなく、時間の経過によって減衰したり、何らかの理由で再生できなくなる場合もある。この現象を忘却という。記憶のプロセスは多様であり、さまざまな視点から区分することができる。

(1) 記憶の種類と基礎知識

　記憶の過程は、その性質によって以下に分類することができる。保持時間の長さによって、感覚記憶（視覚刺激の場合は数百ミリ秒以内、聴覚刺激の場合は数秒以内）、短期記憶（15〜30秒以内）、長期記憶（ほぼ永久）に分けることができる。

1）感覚記憶

　感覚器官から入力された知覚内容の中で注意が集中されたものだけが記憶にとどまる。注意を集中しなかった内容は短時間、感覚器官にとどまってすぐに消えてしまう。

2）短期記憶（作動記憶）

作動記憶（ワーキング・メモリ）ともいう。短期記憶の容量には限界がある。1回だけ呈示された数字の短期記憶個数の平均は7±2個程度である。1回呈示されて正しく再生できる範囲を「記憶範囲」という。無意味つづりの記憶範囲と、意味のある単語の保持を、文字数で単純に比べるなら意味単語の方が多くなる。単語を1つのまとまりとして扱うことができるからである。このようなまとまりを「チャンク」という。記憶を保持するためには反復リハーサルが必要で、リハーサルを妨害されると記憶は保持できなくなる。

記憶を保持するためには反復リハーサルにより長期記憶に送り込むことが必要である。短期記憶は時間経過とともに減衰する。

3）長期記憶

情報の中の、あるものは長い時間にわたって記憶・保持される。これが長期記憶である。何かを記憶しようというときには、反復練習すなわち「リハーサル」をする。リハーサルは保持と長期記憶への転送・組み込みのために役に立つ。長期記憶保存は、意味的な符号化と、すでに持っている知識と関連づける作業を含むと考えられている。

4）チャンク

チャンクとはミラー（Miller, G. A., 1956）の提案した情報処理の心理的な単位である。複数のチャンクを1つのチャンクにまとめることを、チャンキング（chunking）とよぶ。たとえば、1.7320508 は、そのままでは8個の数字が並んでいるだけであるが、これを「人並みにおごれや」と読むことにより、まとまりとして処理することが可能になる。チャンキングは多量の情報を効率的に処理したり、保持したり、検索したりするのに有効と考えられる。また、語呂あわせだけでなく、ものごとを相互に関係づけて定義的・特性的にカテゴリーにまとめながら記憶しようとしている場合も多い（図3-8）。

(2) 記憶の研究法

従来、大別して4種類の記憶の実験手続が行われてきた。学校で行われる理解度を確認する手続きとしての「試験」には、どのような形式があるか思い

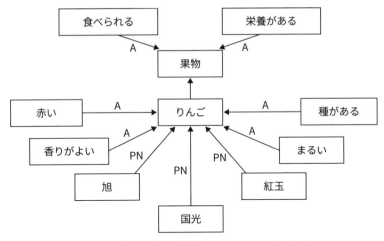

図 3-8 「りんご」の種類はチャンキングされる
A：属性（Attribute）　PN：固有名詞（Proper Name）

出すと、次の各手法がどのような特徴や利点を備えているか、考えやすくなるだろう。

1）再生法

ある言葉（無意味つづりを使うことが多い）の系列（一定の順番になっているリスト）を記憶し、適当な時間経過後に、記憶した言葉を思い出してもらう手続きは「再生法」である。自由に思い出していく方法は「自由再生法」であり、ある言葉を系列順序どおりに記憶し、系列の順序で「次の言葉」を思い出す方法は「系列予言法」という。

2）再認法

以前に見聞したこととして確認することを「再認」という。つまり、ある材料を記銘した後に、記銘した項目と記銘リストには含まれていなかった項目を提示して、区別できるかを調べるのが「再認法」である。反応方法を言語的なものに限定しなければ、乳幼児や動物を被験体としても利用できる。

試験で言えば、論述式問題は「再生法」であり、○×や選択肢式は「再認法」にあたる。ある人の記憶力を調べようとする場合に、「記憶率（節約率）」は「再生法」「再認法」のどちらの方法で測定するか、結果は異なるので測定の目

的を考えて手法を選択する必要がある。一般的には、再認法の方が再生法よりも、正解率が高くなる。

　3）再構成法

　何らかの位置や順番に関連した情報が含まれている記銘材料（記憶課題）を被験者に提示した後に、その位置や順番の再現を求める方法である。たとえば、単語のリストを提示した後、同じ単語の順番を入れ替えて、再度提示し、元どおりの順番に並べ替える操作により記憶の機能状態を検討することができる。

　4）再学習法

　はじめに学習（記憶）した単語の系列を、一定時間の経過後に改めて学習する手続きを指す。「再学習」に要する時間、憶えるために繰り返した回数（試行数）、さらに試行過程で生起した誤りの回数（誤反応数）などを測定し、学習状況を把握する方法で、学校場面では「復習が大切」と教諭が強調する根拠となっている。

　様々な方法によって記憶の純粋現象を探求した研究は、記憶にも興味深い特徴があることを発見した。次に私たちの生活にも関わりの深い記憶現象を紹介する。

(3) 記憶の現象

　1）系列位置効果

　一連の項目を順番どおりに憶える「系列学習」では各項目の成績はリスト内での位置に影響を受ける。系列の最初と最後は憶えやすいが中央部は憶えにくい。これを「系列位置効果」という。この現象は「記憶は短期記憶と長期記憶の2つの過程を経る」とする二過程説を支持する証拠と言われている（Atkinson & Shffrin, 1968）。

　たとえば、新しい英単語を30個記憶する課題が与えられた時に、記銘作業の後に試験をして正解できる再生率はU字型曲線となって示される。一般に系列の最初と最後が再生されやすい傾向がある。系列後方の再生率の高さ（新

第3章　学習と記憶の心理学　47

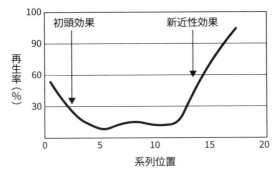

図 3-9　系列位置効果が見られる再生率のグラフ

近性効果）は短期記憶によるものであり、系列前方の再生率が高い（初頭効果）は、リハーサルができる余裕があった長期記憶転送の可能性と考えられている。この現象の興味深い点は、系列の長さが変わっても再生率の曲線は初頭と末尾の新近性効果が見られる、U字型カーブが表れることである。

2）忘却曲線

記憶したものについて、それが時間の経過とともに忘れられる程度を曲線に示したものを忘却曲線という。記憶は学習した直後に急速に忘れるが、ある一定時間を過ぎると忘れる程度はだんだんゆるやかになっていく。

エビングハウスは、自分自身を被験者とし、無意味つづりを材料として用いて、記銘（記憶）した内容が時間経過にともなって忘れられる過程を調べた。横軸を時間軸に、縦軸をどの程度の記憶を保っているか（節約率）として、保持曲線を描いた。

3）忘却の説明理論

一度記憶したことを再生することは難しい。時には再認もできないことがある。「忘却」はなぜ起こるのだろうか。一度記憶したことは維持できるというなら、これほど便利なことはない。しかし「忘れたいこと」「思い出

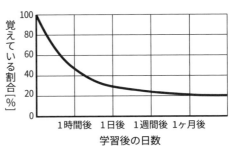

図 3-10　エビングハウスの「忘却曲線」

表 3-2　忘却の説明理論

説	説明
記憶痕跡の減衰	記憶したものの痕跡が大脳に形成され、これが時間経過とともにしだいに薄れ、思い出すことができなくなる。
干渉	記銘前後のいろいろな精神活動によって記憶は影響を受け、そのために忘れてしまうという説。前に記憶したことに後で起こった事柄や精神活動が影響を与えた場合を逆向抑制、過去に学習していたことが新しい記憶に影響する場合を順向抑制と呼んでいる。
検索失敗	記銘した情報は記憶に貯蔵されたままであるが、検索はできない状況になったために再生ができなくなっていることを「検索の失敗」とする。
抑圧	精神分析の立場からの説明。自分に都合の悪いことや、自我に脅威を与えるような事柄は、意識の世界から無意識の世界へと押し込められ、意識の世界に上ってこないように抑え込まれるので再生できないとする。
動機と緊張	意欲や記憶対象に対する好みや、課題を未完了のままにした時には課題を完成しようとする緊張が残り記憶が保持される現象もある。

したくないこと」「記憶そのものを消してしまいたい」と感じることもある。

　表面上は「忘却」という現象でも、忘却の説明には記憶痕跡の減衰説、干渉説、検索失敗説、抑圧説などがある。

4）処理水準

　クレイクとタルヴィング（Craik, F. I. M. & Tulving, E., 1975）は、記憶の処理水準を「活字的処理」「音韻的処理」「文章的処理」に分類した。記憶課題に対する再認反応までの時間には、処理水準の深さが関わっていることが確認された。処理水準の深さが増すにつれて、正反応率が増加する。韻を踏む、各単語ごとに物語を作るなどは深い処理水準をもたらし、精緻化量、記憶量を高めると考えられる。

　1981 年に、円周率（π = 3.14159265358979…）の 31811 桁の暗記でギネスブックに掲載されたインドのマハデバン（Mahadevan, R. S.）氏の後日談では、πの数列を物語風に読みかえ、部分に分けて記銘する分習法によるもので

あったことがわかった。私たちも同様の記憶術、意味のない数列や文字列などに、語呂合わせなどで意味を当てはめて処理水準を深めて効率化する方法を使っている。

5）記憶の質的変容

記憶されたもの・想起再生されたものの関係を見ると、（再生率などでの）量的な減少だけでなく、質的な変化がみられる。

バートレット（Bartlett, F. C., 1932）は英国人に古代エジプトのフクロウの図を見せてリレー式に他者に伝達してもらう実験を行った。18番目の人はついに写実的なネコの絵を描いてしまった。原形が既存の認知的な枠組みの中でわかりやすく変容し、再生される場合があるのを示す結果となった。

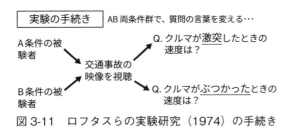

図 3-11　ロフタスらの実験研究（1974）の手続き

図 3-12　「当たった」と言うのか、「激突した」と言うのか

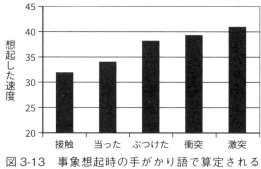
図 3-13　事象想起時の手がかり語で算定される速度は変わる

　ロフタスとパルマー（Loftus, E. F. & Palmer, J. C., 1974）は交通事故や事件の目撃証言の信憑性と言葉の効果を検証した（図 3-11 ～図 3-13）。目撃証言に影響すると考えられる要因として、事件後のさまざまな情報、目撃時点から証言までの経過時間、動機づけ、尋問したのが誰か、年齢、ストレスなどが挙げられる。また、個人差を含む種々の要因には、記憶するための「まとめ（統合）」機能や再構成機能も反映すると考えられている。

文献

Abramson, L. Y., Metalsky, G. I., & Alloy, L. B.「Hopelessness depression: A theory-based subtype of depression.」『*Psychological Review*』American Psychological Association 969 (1989) 358-372.

Atkinson, R. & Shffrin, R.「Human Memory: A Proposed System and its Control Processes.」In K. W. Spence, & J. T. Spence (Eds.)『*The Psychology of Learning and Motivation: Advances in Research and Theory.*』New York: Academic Press 2 (1968) 89-195.

Bandura, A.『*Social learning theory.*』Englewood Cliffs, N.J.: Prentice Hall 1977

Bartlett, F. C.『*Remembering: A study in experimental and social psychology.*』Cambridge: Cambridge University Press 1932

Beck, A. T., Rush, A. J., Shaw, B. F., & Emery, G.『*Cognitive Therapy of Depression.*』New York: Guilford Press 1979

Brewin, C. R.「Depression and causal attributions: What is their relation?」『*Psychological Bulletin*』American Psychological Association 98 (1985) 297-300.

Craik, F. I. M. & Tulving, E.「Depth of processing and the retention of words in episodic memory.」『Journal of Experimental Psychology: General』American Psychological Association 104 (1975) 268-294.

Held, R. & Gein, A.「Movement-produced stimulation in the development of visually acquired behavior.」『Journal of Comparative and Physiological Psychology』American Psychological Association 56 (1963) 872-876.

古武弥正「唾液分泌に就ての小實驗」『心理学研究』日本心理学会 18 (1943) pp. 449-450.

Loftus, E. F. & Palmer, J. C.「Reconstruction of automobile destruction.」『Journal of Verbal Learning and Verbal Behavior』Academic Press 13 (1974) 585-589.

Maier, S. E., Seligman, M. E., & Solomon, R. L.「Pavlovian fear conditioning and learned helplessness.」In B. A. Campbell & R. M. Church (Eds.)『Punishment and aversive behavior.』New York: Appleton 1969

Miller, G. A.「The magical number seven, plus or minus two: Some limits on our capacity for processing information.」『Psychological Review』American Psychological Association 63(2)(1956) 81-97.

Miller, N. E.「Studies of fear as an acquirable drive.」『Journal of Experimental Psychology』American Psychological Association 38 (1948) 89-101.

Mowrer, O. H.『Learning theory and behavior.』Wiley 1960

Pavlov, I. P.『Lectures on conditioned reflexes.vol.1』Gantt, W. H. and Volborth, G., translated from Russian to English text. New York; International 1928

Skinner, B. F.『The behavior of organisms: An experimental analysis.』Appleton-Century 1938.

Thorndike, E. L.「Animal intelligence: An experimental study of the associative process in animals.」『Psychological Review: Monograph Supplements』2 (4)(1898).

鳥居修晃『視覚の心理学』サイエンス社 1982

Watson, J. B. & Rayner, R.「Conditioned emotional reactions.」『Journal of Experimental Psychology』American Psychological Association 3 (1920) 1-14.

第4章 感情

われわれは日常生活で「喜び」「悲しみ」「怒り」「恐れ」「驚き」「憎悪」「軽蔑」などさまざまな感情を経験する。感情を構成する基本的な単位、つまり基本感情があるのかどうかについても多くの研究がある。身体の状態や社会的環境からの刺激によっても感情は変化する。また、感情の表出には個人差、年齢差、性差、文化差も関わっている。

感情に関連する用語として、「感情（feeling, affection）」「情動（emotion）」「気分（mood）」「情操（sentiment）」「情熱（passion）」などがある。感情の体験・表出・身体的生理的変化を含むすべての過程を指しているのが「情動」である。「情動」は特定の対象を持つが「感情」には特定の対象がない、あるいは、「情動」は一般に短時間しか持続しないが「感情」は長時間持続する、など説明されているが、「感情」と「情動」を区別することは難しい。

感情については、ヒポクラテス（Hippocrates）、プラトン（Plato）、アリストテレス（Aristoteles）、デカルト（Descartes, R.）など、多くの哲学者によって古くから考察されているが、感情の科学的研究の歴史は古くない。

アメリカ心理学会（APA：American Psychological Association）には54の部門がある。54部門の名称に「emotion」が使われている部門はないが、Emotionというタイトルの研究雑誌は2001年にAPAから発刊されている。

わが国では、テーマ別に各種の学会が設立され、1992年に日本感情心理学会が誕生し、1993年に学会誌「感情心理学研究」が発刊されている。

詳細の論議については「感情とは何か」（武藤・白井, 2024）が参考になる。

1. 感情の要素

　感情・情動を測定する方法として、認知・行動・生理という3側面を考えることができる。認知的側面の測定法は、SD法のような評定尺度法、質問紙法、内観法などがある。行動を測定する方法としては、表情、姿勢、音声、身振り、空間行動などの非言語的行動や言語行動を対象とする方法である。生理的測定としては、心拍、血圧、皮膚電気活動、皮膚温、血流量などの自律神経系の活動、脳波や呼吸、筋電図のような中枢神経系の活動を測定するものがある。

(1) 知的要素

　感情は感覚刺激によって直接引き起こされるものではなく、事態をどのように評価するかという認知的なプロセスを経てから出現するという考え方がある。感情とはそれ自体が認知であるとも言える。さまざまな感情の種類の違いを認知的評価（cognitive appraisal）によるものとする理論の出発点が、アーノルド（Arnold, M. B., 1960）と言えよう。認知的評価研究は、2種類のものがある。感情語や感情経験を実験参加者に評定させ、認知的な要因の効果を探るものとラザルスとフォルクマン（Lazarus, R. S. & Folkman, S., 1984）の研究で知られるコーピングに関する研究である。

　また、感情のシステムについては論じていないが、認知が感情の原因となると主張しているワイナー（Weiner, B., 1972）の帰属理論がある。

　感情の認知的研究は、他者の表情、視線、姿勢、身振りなどから、どのような感情を認知するかなど、比較的古典的なテーマである。多変量解析を用いて表情の位置づけをしているシュロスバーグ（Schlosberg, H., 1952）やラッセル（Russell, J. A., 1980; Russell, J. A. & Bullock, M., 1985）の研究は有名である。

(2) 行動的要素

　表情、姿勢、音声、身振り、空間行動などの非言語的行動や言語行動の能動的な操作を対象とするレベルである。具体的な動きやそのフィードバックによってどのような感情経験をしているかについての研究である。実験参加者に実験の主旨を知られないようにある表情を作らせるとき、その表出行動に対応する感情を経験する、すなわち、表情筋という末梢(まっしょう)の筋肉の動きからのフィードバックが感情を作り上げるというものである。

　表情以外の動作や姿勢についても同様に、ある行動をとることで感情が影響を受ける場合がある（鈴木・春木，1992）。

(3) 生理的要素

　異なった感情が引き起こされたときの生理的反応パターンの違いを調べる研究は多い。感情変化を検出する手段としてよく知られているものに虚偽検出検査があり、一般的には「うそ発見器」と言われたりしている。これは犯罪捜査の過程で被疑者の供述の真偽を判別するために使用されることがある。測定される指標として、皮膚電気活動、心拍、呼吸、血圧、容積脈波、眼球運動、脳波などが同時に記録されるので、ポリグラフともよばれる。

2. 感情表出

(1) 感情コミュニケーション

　相手が微笑むと、自分も思わず微笑んでしまう。このように日常生活で相手の感情状態や意図などを知るために、また、自分の情報を伝えるために、「からだ全体」を使って総合的にコミュニケーションしている。たしかに言葉は情報を伝えるために大きな役割を果たしている。しかし、その言葉以外にも多様な情報を伝達する手段として、表情、視線、身振り、姿勢、パーソナル・スペース（個人空間）、身体接触、音声、化粧、匂い、服装などのさまざまな情報伝達手段、すなわち、非言語コミュニケーションがある。

　顔における表情表出の果たす役割は大きい。表情に関する記述は、アリス

トレスの頃からあり、進化論で有名なダーウィン（Darwin, C.）による「人および動物の表情について」（1872）は、この種の古典的研究として挙げられる。ダーウィンは、状況に応じて起こる動物の情動反応について記述している。

表情研究の基本的なテーマとしては、表情認知の正確さや表情判断の手がかり、表情認知の発達、感情の種類、表情の尺度化、表情解読テスト作成、文化比較研究など多数の研究が行われている。表情は生まれながらの生得的な部分もあるが、後の経験から獲得していく部分も多い。

覆面でもしていない限り、顔からさまざまな情報を受け取ることができる。得る情報も多いが誤解を生む原因にもなりやすい。自分がどのような表情をしているのか気づかないことが多いからである。

「目は口ほどにものを言い」と言われるように、視線は顔の中で重要な要素である。その視線は「親しみ」と「攻撃」という相反する二種類の意味をもっている。目と目がお互いに合ったと気づく瞬間がアイコンタクト（EC）である。相手をよく見れば肯定的に評価されるかというと問題は残る。相手から受ける視線の程度によって、自分に対する好意度を推測する場合もある。視線は、相互の関係性や状況などに依存し、その意味を引き出すことは非常に難しい。

姿勢は対人的態度を伝える重要な手段である。表情がある特定の感情（たとえば喜び、悲しみなど）を伝達するのに対して、姿勢は総合的な感情（たとえば好き、嫌いなど）を伝達し、顔面から判断される感情や態度とは異なっている。

顔では笑いながら、声では怒っているというように、複数の情報発信源から矛盾するメッセージが表出されるという二重拘束（ダブル・バインド）といわれる状況がある。通常の大人の場合、笑いながら怒っている状況であれば、周囲への照れや怒っている程度を割り引く。しかし、子どもがこの状況を的確に判断することは難しく、このような事態を頻繁に経験することになれば、子どもの感情表出行動や感情解釈の仕方に歪（ゆが）みを生じさせてしまう可能性は高い。人間関係における二重拘束は、単に論理的な問題だけでなく、親子関係の

情緒性とも関係が深い。

　感情の表出行動は生物学的には、他者を受け入れるか拒否するか、闘争・逃走・共同かなど、生存のための判断に付帯した行動である。人間の場合は、生物学的な意味に加えて、その表現と伝達のための手段に文化的な要素が加わっている。

　人の情動は表情に表れる。シュロスバーグ（Schlosberg, H., 1952）は人が他の人の感情を、表情からどの程度正確に認知できるか調べた。72枚の表情写真を、45名の被験者に見せ、6個の情動カテゴリーに分類するよう依頼した。同じ表情の写真はほぼ同じ分類に入れられる確率が高いが、分類の頻度が混在する表情があった。その確率分布から、図4-1のような表情の円環が作成された。

　これらを総合的に利用し、コミュニケーション能力の測定尺度として、非

図4-1　表情円環
（Schlosberg, 1952）

言語的表出性の個人差を測定するACT尺度（Affective Communication Test）の日本版も作成されている（大坊，1991）。

(2) 感情表出とジェンダー

　男性、女性というジェンダーの違いによる感情表出の差異は、ジェンダー・ステレオタイプ（gender stereotypes）といわれる生物学的性によって分類された性別カテゴリーによる違いということができるかもしれない。自分は女性であるので、感情的であり、感情的でなければならないと思い、一方、男性の場合には、自分は男性であるので、感情的ではなく、感情的であってはならないと思っている。自分は女性（男性）であるから、表出は抑え目にすべきである（表出すべき）と思い込んでいるのではないだろうか。すなわち、女性は女性らしく、男性は男性らしく振る舞う場合に、女性は弱さと頼りなさをか弱く示すために、悲しみ、不安、恐怖の感情を表出し、男性は制御と優位を力強く示すために、怒り、誇り、軽蔑を表出することになる（Fischer, 2000）。

　典型的な男性・女性のイメージを具体的な形で示している男女は存在していないのかもしれない。要するに、感情における性差は、男性、女性それぞれが、自分の感情を調整し、表出する方法の違いからくるものであり、感情の主観的経験というよりは感情の表出の違いといえよう。

(3) 感情の文化差

　表情とその認知の背景には共通の表情表現と認識を形成する生物学的基礎があると考えられるようになった。一方、表情認知について詳細な手続きで文化間一致率の比較研究を行なったエクマンら（Ekman, P. & Friesen, W. V., 1975）の研究からは、細部において表情から受け取る情報に差異があることも示された。同じ表情写真を見ても、背景文化によって、相手の表情が、怒りなのか、恐れなのか、受け手の理解に少しずつ差があることが明らかになったのである。人間はもともと視覚情報依存度の高い動物であるので、表情というメディアを介しての相手からの情報は重要である。背景文化によって表情の理解や表現が異なるということを確認したエクマンらの研究は非常に貴重であ

る。

　しかし、ラッセル（Russell, 1994）は、エクマンらが主張する基本情動理論に問題を投げかけている。また、情動の普遍性を否定する立場は文化的差異を強調することになる。マーカスら（Markus, H. R. & Kitayama, S., 1991, 1994）によると、アメリカ人は怒りや誇りを経験しやすく、日本人は罪悪感や恥、尊敬などを経験しやすいとしている。このことについて、アメリカ文化は、「相互独立的な自己の文化」であり、日本の文化は、「相互協調的な自己の文化」であると特徴づけ、文化の枠組みの違いによって経験しやすい情動に違いがみられるとしている。

　表情を含めた非言語的コミュニケーションは送信者（本人）と受信者（見ている相手）との相互作用でもあり、これからの国際社会では、グローバル・コミュニケーション技術を必要とし、このような非言語的コミュニケーション理解の具体的な知識を取り入れることは今後ますます重要になる。

3．感情の理論

(1) ジェームズ・ランゲ説

　「悲しいから泣く」のではなく、「泣くから悲しくなる」、すなわち身体反応が先で、それを知覚することによって情動体験が生じるとするジェームズ（James, W., 1884）の考えと、同時期に情動体験における心臓血管系や内臓系の重要性を唱えたランゲ（Lange, C. G., 1885）の考え方を一緒にして、ジェームズ・ランゲ（James-Lange）説とよばれている。就職面接場面などでアガっている自覚はなかったはずが、受け答えをする自分の声が上ずっているのを感じた途端に、緊張を感じ、心臓がどきどきし手が震え始めたなどという経験を持つ人もいるだろう。

　通常は「悲しいから泣く」「緊張するので心臓の鼓動が激しくなる」という順序で情動体験が生じると考えられていたので、ジェームズ・ランゲ説（末梢起源説）はさまざまな議論を喚起した。

　この仮説はキャノン（Cannon, W. B., 1927）により否定され一時期衰退し

たが、表情フィードバック仮説などの提唱により再考され、イザード（Izard, C.）の分化情動説やエクマン（Ekman, P.）の神経文化説、ザイアンス（Zajonc, R.B.）の感情血流説などに影響を与えている。

さらに、意思決定において情動的な身体反応が重要な信号を提供するというダマシオ（Damasio, A. R.）のソマティック・マーカー仮説（Damasio, 1994 田中訳 2000）が提唱され、議論が復活している。この仮説は、関連部位として腹内側前頭前野が重要な役割を果たし、一見情動とは関係のない意思決定の際でも、情動的な身体反応の信号が重要な役割を果たすと提唱した。

(2) キャノン・バード説

キャノン（Cannon, W., 1927）は、①情動体験の源泉とされる身体の末梢器官を切除した人でも情動反応が起こる、②薬物によって交感神経を遮断した場合でも情動反応は起こる、③異なった情動状態でも同じ内臓反応が生じる、④情動喚起の速さに比して内臓の状態変化（反応）は緩慢である、⑤人工的に起こした内臓変化によって情動反応は生じない、などを挙げてジェームズ・ランゲ説に反論した。キャノンは身体各部の受容器から取り入れた刺激情報が大脳皮質に伝えられ、大脳皮質によって抑制されていた視床が抑制から解放されることで生じる視床の興奮が、内臓・骨格筋などの身体末梢部分に伝達される一方、その興奮が中枢に伝わることで情動経験として感知されるとした「中枢起源説」を唱えた。バード（Bard, P., 1928）の「感情体験を生じる場所は視床下部である」という主張とともに、キャノン・バード（Cannon-Bard）説とよばれている。

(3) シャクターの感情の認知理論

シャクター・ジンガー（Schachter, S. & Singer, J. E., 1962）の情動の二要因説では、情動体験は身体的変化とその認知の二要因によると説明している。すなわち、感情状態と生理的反応との関連は弱く、当事者が生理的反応の変化をどのように認知して意味づけをするかによって、感情状態との関係が変化すると主張した。

シャクターとジンガーの実験では、大学生の実験参加者に自律神経系の活性が起こるアドレナリンを注射した後、注射の正しい効果を教えられた群、誤った情報を与えられた群、何の情報も与えられなかった群に分け、同席しているサクラ（実験協力者）の行動を観察させた。その結果、アドレナリン注射にともなう症状に関して誤った情報を与えられたり、何も情報を与えられなかった条件の実験参加者は、正しい情報を与えられた実験参加者よりも、サクラの行動に影響されて「喜び」や「怒り」に関連した感情を報告する傾向が見られた。この結果から、感情は固有の生理的反応によって生じるのではなく、本人が生理的反応変化をどのように認知して感情のラベルづけをするのかによって、感情が成立すると仮定した。

感情は認知的な評価に基づいて生じると考える立場として、アーノルド（Arnold, M. B., 1945）が挙げられる。アーノルドによる情動の定義は「その人にとって適当か不適当かを判断した対象に対して感じる傾向」としている。情動には両極があり、対象が有害か有益か、対象を入力するのが容易か困難か、征服すべきか回避すべきか、などのように状況をどのように判断したかによって情動が異なるというのである。

この考え方を発展させたのがラザルス（Lazarus, 1991）である。彼は、感情を「有機体が知覚した環境に対する反応」ととらえ、状況の評価、解釈を重視し、文化特異的な社会構成体であると考えた。

(4) 表情フィードバック仮説

顔面フィードバック仮説（facial feedback hypothesis）ともよばれ、感情は表情筋などの反応パターンが中枢へフィードバックされる結果として生じるという考え方であり、トムキンス（Tomkins, S., 1982）が最初に提唱した仮説である。ジェームズ・ランゲ説の主張する、末梢から中枢へのフィードバックが感情を喚起すると考える点が似ている。

表情筋がある特定の動きをすると、それが脳にフィードバックされ、ある感情が生起することを実験的に調べた研究に、シュトラックら（Strack, F., Martin, L. L., & Stepper, S., 1988）の実験がある。彼らは実験参加者に表情筋

の操作を意識させずに特定の表情（微笑）をつくり出すというペンテクニックを考案した。また、眉の上にゴルフのティーをつけ、これを合わせることにより、悲しみの表情を作らせる方法もある（Larsen et al., 1992）。

表情筋だけでなく、姿勢の変化による影響が感情の差異を生み出すことを実験的に検討している研究もある（鈴木・春木, 1992; Stepper & Strack, 1993）。

(5) 感情の現代のモデル

プルチック（Plutchik, R., 1980）は、ダーウィンの進化論に基づき、感情を進化という視点からとらえ、生命維持、種の保存に必要であるとして、心理進化説を唱え

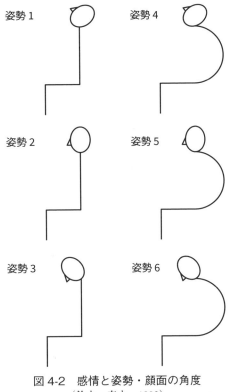

図4-2　感情と姿勢・顔面の角度
（鈴木・春木, 1992）

た。われわれの行動には8種類（合一、拒絶、破壊、保護、生殖、喪失、定位づけ、探索）の基本的行動があり、これらに対応する8つの基本感情があると主張した（図4-3参照）。

エクマンは、進化論的な立場に立ち、感情には喜び、悲しみ、恐怖、驚き、怒り、嫌悪の6つの基本情動があり、各情動には特有の表情が存在し、表情の動きを44のアクション・ユニット（Action Unit）で符号化するシステム、FACS（Facial Action Coding System）を開発した（Ekman & Friesen, 1978）。

イザード（Izard, 1971）の分化情動理論では、文化差やジェンダーの違いによって表出される感情の相違は、見かけ上の問題であるとして、感情には普遍性・共通性があると考えている。彼はエクマン同様、基本的情動が存在すると

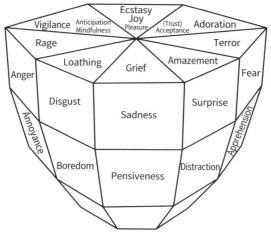

図4-3　プルチック（Plutchik, 1980）の感情立体構造モデル

いう立場をとっている。

　ラッセル（Russell, 1980）は、感情は「快（pleasure）― 不快（unpleasure）」「覚醒（arousing）― 眠気（sleepy）」という2次元平面に円環として表現されるという円環モデルを提唱した。このモデルは、幸福や喜びのように類似したものは円環の近くに配置され、幸福と悲しみのように反対の語は円環上の対立した位置に配置される。感情の強さは、原点からのベクトルの大きさ（距離）で示されている。この円環構造は各文化においても共通であるとしている。

4. 攻撃性

　攻撃を起こす内的プロセス、すなわち、認知、情動、動機づけ、パーソナリティなどを含めたものが攻撃性とよばれる。

　攻撃を起こす心理的エネルギーが個体内にあると仮定しているフロイト（Freud, S.）の理論では、自己破壊衝動である死の本能（タナトス）が生の本能（リビドー）と妥協することによって外に向けられ、それが攻撃衝動となると考えた。動物行動学者のローレンツ（Lorenz, K.）も攻撃行動は本能的行動

のメカニズムと考えていた点では同様といえよう。

攻撃は不快情動の表出であるとする考え方もある（Dollard, J. et al., 1939 宇津木訳 1959）。すべての欲求阻止（フラストレーション）は攻撃を動機づけるという考え方である。この理論においては，攻撃反応の目標は欲求阻止を実際に解決するのではなく，欲求阻止によって引き起こされた怒りなどの不快な感情を放出させて、減少させることである。

社会的学習理論を提唱したバンデューラ（Bandura, A., 1977）は，攻撃行動を観察学習や代理強化という概念から説明しようと試みた。観察学習とは、他の人の行動をモデルとしてただ観察するだけで、自分で実際に行動を遂行することなしに、学習が成立することである。幼児の攻撃性をテーマにした観察学習実験（Bandura, 1977）がよく知られている。実験はモデルが人形に乱暴している映画を見せた後の子どもたちの遊びを記録した。モデルの映画には、3つのパターンが用意された。1つは乱暴な行動の後でモデルが叱られる「代理罰」条件、2つ目は乱暴な行動を誉められる「代理強化」条件、そして3つ目はモデルの乱暴がとくに何も言われない「無強化」条件であった。子どもたちはそれぞれに割り振られた実験条件に応じて3つのうちの1つのモデル映画を見る。モデルの乱暴な行動とそれぞれの条件の強化の様子を映画で見た子どもたちは、その後プレイルームで遊んだ。部屋にはいろいろな遊具と一緒に、モデルが乱暴して見せた人形も置いてある。子どもたちの遊びは、モデルと同じ行動を模倣するかどうか、3つの代理強化条件を比較する視点で記録・測定された。

結果からは、乱暴なモデルの行動を模倣したのは男児に多いが、モデルが罰せられている様子を観察学習した女児（代理罰条件）は、模倣が少なかった。代理罰条件のグループだけが学習しなかったということではないこと、代理強化は攻撃行動の獲得ではなく、攻撃行動の実行に効果があることが示された（観察学習および代理強化については、第3章1－(5)を参照）。

5. 幸福感

(1) 主観的幸福感 (subjective well-being)

　怒り、敵意が精神的・身体的健康におおきな影響を与えている反面、笑いがNK (natural killer) 細胞活性を高め、病気の症状改善・回復に役立っていることが報告されている。

　人の精神的な働き、神経作用、免疫作用は深い関連があることを示す研究がさかんに行われるようになっている。これが精神神経免疫学 (psychoneuroimmunology) である。笑うことや積極的な闘病態度への変化により免疫活性が上昇し、身体に良い影響を与えている可能性を示唆している。

　このように人間の認知的側面、行動的側面、生理的側面は相互に関連し、精神的、身体的健康を維持している。否定的な感情面に視点が向けられがちであるが、肯定的な側面に積極的に注目したのがセリグマンら (Seligman, M. E. P. & Csikszentmihalyi, M., 2000) である。

　学習性絶望感やうつの研究で知られているセリグマンであるが、セリグマンら (2000) は、ポジティブな経験、ポジティブな特性、ポジティブな活動に焦点を当てる「ポジティブ心理学 (Positive Psychology)」の必要性を提唱している。ポジティブ心理学の目的は、生活の悪い面を修復することにとらわれていたこれまでの心理学を、生活のよい面をも打ち立てる心理学に変えることにある (Seligman, 2002) としている。その中のひとつに主観的幸福感 (subjective well-being) 研究がある。主観的幸福感は、認知的側面と感情的側面に分類することができよう。認知的側面は、全体的な生活の満足感とある特定領域の満足感、感情的側面は、快の感情経験が多く、不快な感情経験が少ないことなどが指摘できる (Diener, 2000)。主観的幸福感に影響を与える要因として、属性 (年齢、性別、人種)、パーソナリティ、社会的・経済的地位、婚姻状況、身体的健康、社会的活動や仕事 (就労)、対人関係 (社会的サポートやネットワーク)、宗教、物理的環境などが挙げられる。

第 4 章　感情　　65

(2) ポジティブ感情と寿命

「笑う門には福来たる」と言われるが、笑いが心身の健康に与える効果は、多くの研究がある。「笑う人」と「笑わない人」の間で介護リスクがどのように異なるか、約 1 万 4000 人を 3 年間追跡した研究結果（玉田他, 2020）から、「ほとんど笑わない」人は「ほぼ毎日」笑う人に比べて、介護が必要になるリスクが単純計算で 1.4 倍も高くなる、というものである。

「幸福論」で知られるフランスの哲学者、アランは「幸せだから笑うのではない、笑うから幸せなのだ」と。まさに、ジェームズ・ランゲ説である。笑い講、笑い瞑想などもある。

退役シスターの日記から、ポジティブ表現の多いシスターとそうでないシスターでは寿命に違いがある（Danner et.al., 2001）という研究もある。

6. その他の感情トピック

(1) 感情と非認知能力

2017 年改訂の学習指導要領には、「認知能力」、すなわち、読み書きができることや計算能力に加えて、思考力、判断力、表現力、学びに向かう力、人間性などの「非認知能力」という多くの内容が含まれている（図 4-4）。教育場面でもこの「非認知能力」をどのように取り上げるかが問われている。

その非認知能力とは、自分自身を理解する「自己理解」や他者や社会を理解する「社会／他者理解」、自分自身の感情を統制する「セルフマネジメント」、対人コミュニケーションに必要な「対人関係スキル」などの内面的なスキルであり、背景には感情が大きく関わっている。

言葉を言い換えれば、自制心、自尊感情、復元力（レジリエンス）、自信、共感性、社交性、コミュニケーション能力などとも言える。自分の感情の表現・抑制であったり、他者の感情をどのように理解するか、とも言える。これらの根底には自己肯定感があり、日本の生徒の自己肯定感は、OECD 調査で諸外国と比較して低いことが示されている。

```
┌─────────────────────┐  ┌─────────────────────┐
│   ＜認知能力＞      │  │   ＜非認知能力＞    │
│                     │  │  学びに向かう力・人間性│
│    知識・技能       │  │ (目標達成力・協働力・感情制御力)│
│                     │  │                     │
│     読み            │  │    自尊心・自信     │
│     書き            │  │   忍耐力・自己効力感 │
│    そろばん         │  │    共感・協調性     │
│    ・・・・など     │  │  社交性・社会的スキル│
│                     │  │  コミュニケーション力│
│                     │  │    ・・・・・など   │
│ (測定・数量化しやすい)│  │ (測定・数量化しにくい)│
└─────────────────────┘  └─────────────────────┘
```

図 4-4　学習指導要領が示す資質能力

(2) 情動知能

サロベイとメイヤー (Salovey, P. & Mayer, J. D., 1990) は感情知能の概念を提唱し、1995 年にゴールマン (Goleman, D.) が『Emotional Intelligence』という著作を発表し、感情知能ということばを一般の人びとに普及させた。

サロベイとメイヤーによれば情動的知能は「自分自身や他人の感情、欲求を正確に理解し、適切に対応する能力」と定義される。1995 年ゴールマンが「EQ ─こころの知能指数」を出版し、人生あるいは職業における成功は知能検査で測定されるような知能 (IQ) ではなく、情動的知能によって決定されると強調した。

文献

Arnold, M. B.「Physiological differentiation of emotional states」『*Psychological Review*』52 (1945) 35-48.

Arnold, M. B.『*Emotion and personality*』Columbia University Press 1960

Bandura, A.『*Social learning theory*』Prentice-Hall. 1977

Bard, P.「A diencephalic mechanism for the expression of rage with special reference to the sympathetic nervous system」『*American Journal of Physiology*』84 (1928) 490-513.

Buck, R., Savin, V., Miller, R., & Caul, W.「Communication of affect through facial expressions in humans」『*Journal of Personality and Social Psychology*』23 (1972) 342-371.

Cannon, W. B.「The James-Lange theory of emotion: A critical examination and an alternative theory」『*American Journal of Psychology*』39 (1927) 106-124.

大坊郁夫「非言語的表出性の測定 ─ ACT 尺度の構成」『北星学園大学文学部北星論集』28

(1991) pp.1-12.

Damasio, A. R. 『Descartes' error: Emotion, reason, and the human brain』NY: Quill Publishing 1994（ダマシオ，A.R. 田中三彦（訳）『生存する脳』講談社 2000）

Danner, D. D., Snowden, D. A & Friesen, W. V.「Positive emotions in early life and longevity: Finding from the nun study」『Journal of Personality and Social Psychology』80 (2001) 804-813.

Darwin, C.『The expression of the emotions in man and animals』Murray 1872

Diener, E.「Subjective well-being: the science of happiness and a proposal for a national index」『American Psychologist』55 (2000) 34-43.

Dollard, J., Doob, L., Miller, N. E., Mowrer, O. H. & Sears, R. R.『Frustration and Aggression』1939（ダラード，J.他　宇津木保（訳）『欲求不満と暴力』誠信書房 1959）

Ekman, P., & Friesen, W. V.『Unmasking the Face: A Guide to Recognising Emotions from Facial Clues』Prentice-Hall 1975

Fischer, A. H.『Gender and emotion: Social psychological perspectives』NY: Cambridge University Press 2000

Izard, C. E.『The face of emotion』Appleton-Century-Crofts 1971

James, W.「What is emotion?」『Mind』4 (1884) 188-204.

Lange, C. G.「Uber Gemuthsbeweguugen Lipzig: Thomas」1985 In Dunlop, K. (Ed.)『The emotions: A psychophysiological study』NY: Hafner Publishing. 1992 33-90.

Larsen, R., Kasimatis, M., & Frey, K.「Facilitating the furrowed brow: An unobtrusive test of the facial feedback hypothesis applied to unpleasant affect」『Cognition and Emotion』6 (1992) 321-338.

Lazarus, R. S.『Emotion and Adaptation』NY: Oxford University Press 1991

Lazarus, R. S. & Folkman, S.『Stress, appraisal, and coping』Springer 1984

Markus, H. R., & Kitayama, S.「Culture and the self: Implications for cognition, emotion, and motivation」『Psychological Review』98 (1991) 224-253.

Markus, H. R., & Kitayama, S.「The cultural construction of self and emotion: Implications for social behavior」In Kitayama, K. & Markus, H. R.(Eds.)『Emotion and culture: Empirical studies of mutual influence』Washington, DC: American Psychological Association 1994 89-130.

Plutchik, R.『Emotion: A psychoevolutionary synthesis』Harper & Row 1980

武藤 世良・白井 真理子「感情とは何か──日本における定義をめぐる4つの困難と挑戦──」『エモーション・スタディーズ』9 (2024) pp.6-32.

Russell, J. A.「A circumplex model of affect」『Journal of Personality and Social Psychology』39 (1980) 1161-1178.

Russell, J. A.「Is the universal recognition of emotion from facial expression? A review of the cross-cultural studies」『Psychological Bulletin』115 (1994) 102-141.

Russell, J. A. & Bullock, M.「Multidimensional scaling of emotional facial expressions: Similarity from preschoolers to adults」『Journal of Personality and Social Psychology』48 (1985) 1290-1298.

Salovey, P., & Mayer, J. D.「Emotional Intelligence」『Imagination, Cognition, and Personality』9 (1990) 185-211.

Schachter, S., & Singer, J. E.「Cognitive, social and physiological determinants of emotional state」『Psychological Review』69 (1962) 379-399.

Schlosberg, H.「The description of facial expression in terms of two dimensions」『Journal of Experimental Psychology』44 (1952) 229-237.

Seligman, M. E. P.「Positive psychology, positive prevention, and positive therapy」In Snyder, C. R. & Lopez, S. J. (Eds.)『Handbook of positive psychology』New York: Oxford University Press 2002 3-9.

Seligman, M. E. P., & Csikszentmihalyi, M.「Positive psychology: An introduction」『American-Psychologist』55 (2000) 5-14.

Solomon, R. L. & Corbit, J. D.「An opponent-process theory of motivation: I. Temporal dynamics of affect」『Psychological Review』81 (1974) 119-145.

Stepper, S., & Strack, F.「Proprioceptive determinants of emotional and non-emotional feelings」『Journal of Personality and Social Psychology』64 (1993) 211-220.

Strack, F., Martin, L. L., & Stepper, S.「Inhibiting and facilitating conditions of the human smile: A nonobtrusive test of the facial feedback hypothesis」『Journal of Personality and Social Psychology』54 (1988) 768-777.

鈴木晶夫・春木豊「躯幹と顔面の角度が意識性に及ぼす影響」『心理学研究』62(6) (1992) pp.378-382.

Tamada Y, Takeuchi K, Yamaguchi C, Saito M, Ohira T, Shirai K, Kondo K. Does「laughter predict onset of functional disability and mortality among older Japanese adults? the JAGES prospective cohort study」『Journal of Epidemiology』31(5) (2020) 301-307.

Tomkins, S.「Affect, imagery, and consciousness: Vol.1」『The positive affects』NY Springer 1982

Weiner, B.『Theories of motivation』Rand Mcnally 1972

第5章 パーソナリティの心理学

　私たちの生活は、他者との関係を背景とした社会的なものである。そこでは、自分の意思に基づく行動選択と、他者との関係で選ぶことになった行動とが複雑に絡まりあっている。

　個々の人の感情と行動（情動）、反応の選択傾向やパターン、その人「らしさ」の記述と構造に対する心理学の研究の取り組みや思索について紹介する。

1. パーソナリティの定義

　「性格」「パーソナリティ」「人格」「キャラクタ」とよぶ情動反応や行動の傾向や特徴についての定義として示唆の深い基本的なものを紹介する。

　クレッチマー（Kretschmer, E.）は「性格とは、人間のあらゆる生活過程の中に生じてくる、あらゆる情動的・意志的反応可能性の総体である」としている。オルポート（Allport, G. W.）は「性格とは、個人の中にあってその個人の特徴的な行動と考えを決定するところの精神身体的体系の力動的組織のことを言う」と述べている。アイゼンク（Eysenck, H. J.）は「性格とは、遺伝と環境により決定される実際の行動パターン、あるいは潜在的な行動パターンの総体である」としているが、そのアイゼンクとの連続性という視点では日本の柏木の定義は近似的な視点ということができそうである。柏木は「人格は有機体の行動に特殊的、個人的傾向と統一性・連続性を与えているものの統合である」と述べている（柏木，1980）。依田は「性格という概念は、個人的概念ではなく、むしろ社会心理学的概念であると言わなければならない」としている（正木・依田，1951）。我が国の心理学の草創期に双生児研究を展開したことで著名な詫摩は「性格というのは相手に対する刺激価、あるいは社会的効果で

ある」、「性格というのはその人の中にあって、その人らしい行動の傾向を生み続けているもの」という2つの見方を挙げ、ある個人の他人に及ぼす社会的効果はたしかに受け取る人によって相違するが、受け取る人は相手の中に一定の行動傾向があることを認め、性格は個人の中にあると考える立場であっても、相手によって受け取られ方に差が生ずるという事実は否定できない」と述べている（詫摩，2003）。

2. パーソナリティの構成概念と要素

(1) 気質

　保育の現場で何人もの乳児を世話していると、音や光などの刺激、あるいは養育する人から受ける働きかけへの反応が同月齢児の間でも千差万別、非常に異なることに気がつく。人の個別性は、複合的な要因によって発現する。新生児期から、刺激に対する感受性や反応速度・強度・持続性など、人は一人として同じではない。乳児内部の生理的状態や生理的な特質だけに注目すると、後年の人の個別性や情動反応を方向づけているのは遺伝的規定因が圧倒的に強いように見えてくるかもしれない。

　しかしパーソナリティの形成過程には、物理的・社会的な生育環境条件が

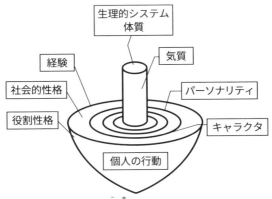

図 5-1　人間行動の独楽（こま）：人の行動を形成する要素

関わっている。図5-1は人の情動反応の個別性、すなわちパーソナリティを形成する過程に関わる要素を「独楽（こま）」にたとえる構造化図解である（大村，1990）。

独楽の中心「芯」は、生理的な個体的特性であり、それに呼応する刺激感受性や反応可能性の差異として顕われるのが「気質」であると位置づけて考えられる。

気質的特徴を基礎にして、人は外界の心理社会的事象（環境）と相互作用して経験を累積する。たとえば、ゆったりして機嫌がよく、よく笑ってよくミルクを飲み、よく眠る乳児は、母親や父親など養育を担う大人にとってケアが容易で、そのような乳児に接する時の気持ちはゆったりして楽であるかもしれない。これに対し、小さな物音や明りにも敏感に反応して泣き、泣き始めるとなかなか機嫌が直らない、食の細い乳児を育てている養育者は、緊張を強いられる時間が長くなる。そのようなケースでは養育者も寛容さや余裕をなくすかもしれない。乳児が人生早期の被養育環境から得られる生活上の経験はかなり異なったものになる。また、乳児の気質的特徴とは独立して、親などの養育者の情動的な反応特徴も、乳児との相互作用を方向づける変数として看過できない。乳児と養育者双方の経験の質を左右する。

(2) 社会的役割

行動は、社会的にどのような役割を与えられているかによっても変わってくる。たとえば、教室で教師は教師らしいリーダーシップ、一貫性、公正な行動をとるように求められる。医師であれば、病気で悩む患者の前では優しく受容的、かつ専門的な知識に裏づけされた毅然（きぜん）とした態度をとることが求められる。役割特有の行動特徴や傾向は、職業的なものだけではなく、父親、母親、長子、末子、生徒、クラス委員など、集団の中でさまざまに変化する。

(3) 文化的・社会的性格

私たちの行動傾向は、日本、アジア、北米、南米、中東、欧州、アフリカなどなど、それぞれの文化・宗教・言語圏ごとに少しずつ異なっている。日頃

意識することは少なくても文化圏間の比較調査などを実施すると大きな差異を見いだすことができる。日本国内に限っても、地方・地域の文化や「しきたり」が成員の行動選択を方向づけている事例を観察することも多い。子どもの「しつけ」にも、国内・国外の比較研究は地域文化の差の大きさを示す。

3. パーソナリティ研究と理論

　個別的な情動反応と行動選択傾向すなわちパーソナリティの記述法や構造研究に携わってきた人は非常に多い。理論や記述のための尺度や軸は、適用場面（教育、産業、医療など）の数だけあると言ってもよい。

　パーソナリティ研究を、研究方法と記述整理の考え方で大別すると2つの流れに分けることができる。1つは、典型的なひな型を基本モデルとして類似度を探すトップダウン型の「類型論」である。もう1つは、人の行動をさまざまな場面特性ごとに測定し、統合して記述するボトムアップ型の「特性論」である。

(1) 類型論（typology）

　類型論は20世紀前半のとくにドイツを中心としたヨーロッパで発達した。精神の全体性・統一性を強調する人間学や性格学を背景としている。類型論は、一定の原理に基づいて典型的な類型をいくつか設定し、それをモデルとして現実の人に見られるいろいろな情動的挿話を分類しながらパーソナリティの構造を理解しようとする立場である。

　類型論の記述法には限界がある。代表的な研究者とその概要を紹介する。それぞれに問題点も課題も指摘されている。以下4点は共通する課題である。
1) 類型に分類できない中間型や混合型の観察例が多く、類型が成立しているのか疑わしくなる。
2) 人間の情動反応の特徴を表現している類型の記述が固定的で画一的であると批判される。
3) 適合度、すなわちひな型としての類型とどの程度似ているのかという程

度を表現することができない。
4) 人間の情動反応の逐次変化、情動的反応の背景にある心理・社会的環境の記述が軽視されている。

(2) 代表的な類型論

類型論史の紹介には必ず登場する代表的な研究者を紹介する。

1) クレッチマー（Kretschmer, E.）からシェルドン（Sheldon, W. H.）の体型から推定する類型論

医師であったクレッチマーは、自分が病棟で診察している精神科疾患の患者が、それぞれの疾病群ごとに体格的な共通性や特徴を持つことに気がついた。そこで、体格を基準に性格を「細長型」「肥満型」「筋骨型」に分類し、一般適応群（健康群）の人びとの性格と体格の関連性の記述に発展させた。体型に関わる内分泌的な個別性と情動反応の特徴を結びつけた発想は、クレッチマーの時代においては先進的で独自であったことだろうと推定される。個人の身体の外顕的特徴から情動反応における特徴を推定しようとした研究者としてはシェルドンらの取り組みもよく知られている。

2) ユング（Jung, C. G.）の類型論

分析心理学者のユングは、人の性格の類型に心的エネルギーの方向性としての「外向－内向」と、4つの心理的な根本機能とを考えた。ユングのパーソナリティ記述の概念は「外向－内向」「根本的心理機能（思考－感情、感覚－直観）」を主たる説明軸としている。「外向型」「内向型」の軸は、後のアイゼンクのパーソナリティ記述研究にも一定の影響を及ぼした。ユングの類型記述では「外向－内向」についての言及が代表的である。「外向型」は外界の事物や人についての関心の強さをもち、実用性を重視することや環境の変化に順応して社交性を発揮する。ユングが自身の臨床活動の中で注目した「心のエネルギー」の「外向－内向」は大きな概念であり、人の情動反応の特徴記述を目指すパーソナリティ研究においては近年の「主要5因子理論（Big-5）」にも引き継がれている。

ユングの類型には「根本的心理機能」には、「思考型－感情型」「感覚型－直

観型」という記述軸がある。

　3）シュプランガー（Spranger, E.）の社会文化的価値の6つの類型
　シュプランガーの類型は、社会的な文脈の中で形成される行動規範も人の情動を方向づけることを考えさせる。人生の中で重要な主題は人によって多様であり、主題の置き方で行動が変わるのは確かである。

表5-1　シュプランガーの社会的価値による6つの類型

No.	タイプ	記述
1	経済型	経済性を第一に考え、ものごとを判断する。財産の獲得に熱心である。
2	理論型	ものごとを客観的・冷静にとらえ、知識や理論に価値を求める。実際的な問題解決には必ずしも強くない。
3	審美型	実生活よりも、自分の感覚を重視し、「美しいもの」に価値を認める。
4	宗教型	宗教的なものや神秘的なものに価値を認める。
5	権力型	権力志向が強く他人を支配したり命令したりすることを求める。
6	社会型	他人や社会一般の幸せに役立つことに価値を求める。

　4）パーソナリティ症群の診断体系に見られる類型論
　国民皆保険制度をとっていない米国では、任意の医療保険の運用には治療ガイドラインの定式化が必須であり、そのための共通言語としての診断基準の徹底が前提である。疾患の診断と記述分類、および標準治療の統一規格化については我が国の事情も共通しているが、米国の臨床治療の現場における診断基準は必須のものであり、運用は厳格である。米国精神医学会（American Psychiatric Association：APA）は「診断と統計のためのマニュアル」として診断基準の体系化は1970年代より本格化した。2024年現在、DSMは第5版改訂版（DSM-5-TR）まで版を重ねている。心理・精神保健医療・福祉の分野では、世界保健機関WHOによる国際疾病分類ICDと併用されている（ICDは2024年現在、第11版が施行されている。医療の臨床現場では第10版も併用されているのが現状である）。

　DSM-5-TRで「パーソナリティ症群」（DSM-Ⅲ以来「人格障害」と呼称さ

れていた記述群）は、その独特の情動反応形式が自己もしくは周囲の困惑や悩みの源泉になっているか否かについて確認する項目を初頭に敷いている。パーソナリティ症群の細目については日本精神神経学会が公刊している「DSM-5-TR 精神疾患の分類と診断の手引き」に詳しい。いずれのパーソナリティ症も「本人もしくは周囲の困惑や悩みの源泉となっている」ことを前提とし、それぞれの徴候の有無だけを問う類型であり、一致度（程度）を問うパーソナリティの記述のみを目指しているのでないことには注目する必要がある。類型論と特性論は人の情動反応における特徴の記述の方法論として対比的である。

(3) 特性論（theory of personality traits）

1) 特性論の考え方

特性論の成立の背景には行動主義心理学の影響がある。いくつかの情動反応の記述の軸を特性軸として設定し、複合体的な測定・記述をすることで個人を表現する。多面的に設定される軸や要素それぞれにおけるスコアによって個人を記述しようとする方法である。

特性論アプローチの代表的研究者であるアイゼンクの尺度にも「内向－外向」はある。ただしアイゼンクの外向と内向は、社会的な関係性に注目しているのであり、ユングの「外向－内向」は心的エネルギーの向かう先を問う視点とは異なる。用語が似ているが基本的な発想は異なっている。アイゼンクの「外向－内向」尺度では、最も外向的な極から最も内向的な極までに至る軸上で個々人のスコア分布は統計的に正規分布を示すことを想定している。大規模サンプルでデータを採った時に、得点分布が正規性を示すなら、多くの人数が集まるのは中央付近の得点となる。特性論では、個別の得点を標準スコアに換算し、母集団における個々の得点の相対的な位置を推定しようとする。行動次元の測定尺度抽出には多変量解析など高度な数理統計処理が導入される。特性論は、一定の統一化した尺度を適用する記述アプローチである。

「ノーマル（normal）群」とは統計学では、正規分布上での高頻度領域に入る群を指す。図5-2 に示すとおり、横軸にスコア、縦軸に人数（比）配置して示される分布を曲線化して描いたカーブのことを「正規分布曲線（normal

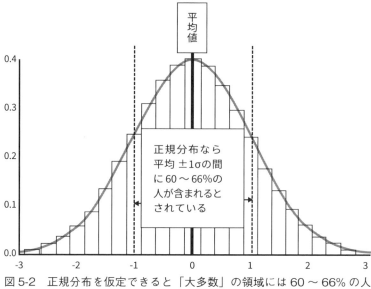

図5-2　正規分布を仮定できると「大多数」の領域には 60 ～ 66％ の人が含まれる

curve)」とよぶ。データの分布が正規分布であれば、平均点 ± 1σ（標準偏差）の得点範囲に 60-66％ 程度の人が含まれると推定している。この範囲に入る人を標準得点（ノーマル）群とすることが多い。診断用の得点換算をする際は、このような分布になるように予め算出された換算式にのせてＴ－スコアを算出し適用する。Ｔ－スコア換算は、予備的に大規模サンプル調査を実施して標準化指標を算出し適用する。

　2）ギルフォード（Guilford, J. P.）の性格因子論

　辞書には人の情動反応のいろいろな特徴を表現する形容詞があり、その数は膨大である（4500 語規模という説もあるが、「現代用語」まで含めるならさらにあるのかもしれない）。ギルフォードは、膨大な形容詞に対して多変量解析、とくに主成分分析や因子分析を適用して数理統計学的な客観性に裏づけられるクラスタを求めた。

　「ギルフォード性格特性測定テスト」は、矢田部が日本語版に翻訳・標準化した。今日、学校教育や人事管理などの場面でも活用されている非常に有名な

表 5-2　Y-G 検査で出力される 12 の「傾向」

抑うつ性	気分変化	劣等感	神経質
客観性	協調性	攻撃性	活動性
のんきさ	思考性	支配性	社会性

Y-G 検査は、矢田部とギルフォードの名前を冠した自己記入式のパーソナリティ検査である。

Y-G 検査では、12 の因子（表 5-2）を複合的に組み合わせて「情緒安定性」「人間関係性」「行動特性」「知的活動性」の 4 つの特性を推定する。

3）アイゼンク（Eysenck, H. J.）の「階層構造説」

アイゼンクは、ギルフォードが抽出した因子の間に相関を求め、「特性」の水準（「類型のレベル」）を見いだした。実際には「情緒安定 – 不安定性」「外向 – 内向」「精神病性」の 3 つの軸が抽出され、アイゼンクは人の情動反応の傾向すなわちパーソナリティ特性の構造を説明した。アイゼンクは検査や実験による項目データの採集と、数理・統計的解析の手法を用いて、類型論のような恣意的経験則に頼ることのない、汎用性の高い測定・記述法を求めたのである。

アイゼンクが創始した特性論では、個別項目から特性の水準へ、そして具体的な情動反応へと収斂（しゅうれん）するボトムアップ型の記述が特徴である。「類型論」は典型性とイメージとの類似性を探すトップダウン型記述法である。

何のために個々人の記述が必要とされるのか、目的が異なれば求められる

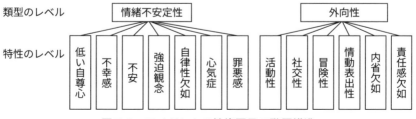

図 5-3　アイゼンクの性格因子の階層構造
（Eysenck & Wilson, 1975）

記述のレベルも変わる。いずれがより正しく適切かという問題ではない。

4）主要5因子説「ビッグ・ファイブ」

Big-5は、従来の多様なパーソナリティ記述・測定尺度を総括し、基本構造として共通する参照枠を特徴としている。5つの「参照枠－軸」とは、神経症傾向（情緒不安定性）（Neuroticism）、外向性（Extraversion）、開放性（Openness）、調和性（協調性）（Agreeableness）、誠実性（勤勉性）（Conscientiousness）である（表5-3）。コスタ（Costa, P. T.）らの5因子モデル（Costa & McCrae, 1992）によるBig-5は多くの研究で用いられている。NEO-PI-R（McCrae & Costa, 2008）の他にジョンら（John, O. P. et al., 2008）のBig Five Inventoryなど、いくつかの実用的な尺度が発表され、世界に広がっている。日本においてはゴールドバーグ（Goldberg, L. R., 1993）らによるBig-5 Inventoryを挙げることができる。ゴールドバーグらは後にBig-5の各下位尺度を正負方向の2項目で測定する10項目版TIPIを作成した。Big-5尺度の汎用性を高め、心理学研究における周辺主題にパーソナリティ変数を適用しやすくすることを目的としたと述べている。TIPI-Jは学術論文に掲載され公開されている。

4. パーソナリティ形成の要因

(1) 被養育経験とパーソナリティ

生後の学習経験によって情動反応が形成される比率がとくに高い人間では、乳幼児期・児童期・思春期・青年期の心理・社会的経験がその後の人生を方向づける要因としてとくに重要である。

1）乳幼児期の行動特徴

生後の養育者から受ける被養育経験は、養育者（多くの場合は「親」）と子どもの相互作用で変動する。養育者からの働きかけは重要であるが、子ども側からの反応も養育者の態度や行動に大きな影響要因となることから、関係性は「らせん構造的」な相互作用を想定している。

トマスとチェス（Thomas A. & Chess, S., 1986）は、表5-4のとおり気質的

表 5-3　Big-5 の概要

1. 神経症傾向（情緒不安定性）Neuroticism		
安静な calm	←→	心配性の worrying
気軽な at-ease	←→	神経質な nervous
リラックスした relaxed	←→	緊張した high-strung
安心した secure	←→	安心できない insecure
快適な comfortable	←→	自意識の強い self-conscious
2. 外向性 Extroversion		
内気な retiring	←→	社交的な sociable
まじめな sober	←→	遊び好きな fun loving
打ち解けない reserved	←→	愛情のこもった affectionate
もの静かな quiet	←→	話し好きな talkative
孤独好きの loner	←→	加入好きな joiner
3. 開放性 Openness		
因習的な conventional	←→	独自性の original
現実的な down-to-earth	←→	想像力に富んだ imaginative
創造的でない uncreative	←→	創造的な creative
狭い興味 narrow interests	←→	広い興味 broad interests
冒険嫌い unadventurous	←→	大胆な daring
4. 調和性（協調性）Agreeableness		
過敏な irritable	←→	温厚な good-natured
冷酷な ruthless	←→	心優しい soft-hearted
利己的な selfish	←→	無私の selfless
人情味のない callous	←→	同情的な sympathetic
報復的な vengeful	←→	寛大な forgiving
5. 誠実性（勤勉性）（Conscientiousness）		
無頓着な negligent	←→	用心深い conscientious
不注意な careless	←→	注意深い careful
信頼できない undependable	←→	信頼できる reliable
怠惰な lazy	←→	勤勉な hardworking
ずさんな disorganized	←→	几帳面な well organized

表 5-4　乳幼児の気質的行動特徴の特性次元

番号	行動次元・水準	説明
1	活動水準	身体運動の活発さ
2	接近／回避	新奇な刺激に対する積極性／消極性
3	周期性	睡眠・排泄などの身体機能の規則正しさ
4	順応性	環境変化に対する慣れやすさ
5	反応閾値	感覚刺激に対する敏感さ
6	反応の強度	泣く・笑うなどの反応の現れ方の激しさ
7	機嫌	親和的行動／非親和的行動の頻度
8	気の散りやすさ	外的刺激による気の散りやすさ
9	注意の範囲と持続性	特定の行動に携わる時間の長さ／集中性

（Thomas & Chess, 1986）

行動特徴の特性次元を挙げている。この気質次元から「扱いやすい子ども」「扱いにくい子ども」と、活動水準が低くて環境変化に慣れるのに時間がかかる「ウォームアップの遅い子ども」の3タイプを見いだすことができ、このような特性が人生早期から後年の、比較的長期に観察される行動特性に相関を示すことも確認されるようになっている。

2）親の養育態度と子どものパーソナリティ

親の養育態度・行動と子どものパーソナリティの間にある程度の因果関係があることを指摘した初期の研究者として最も知られているのは米国の教育心理学者サイモンズ（Symonds, P. M.）であろう。サイモンズは、親の育児態度を「支配 ←→ 服従」と「保護 ←→ 拒否」の2軸で分類した。

この2つの軸と子どものパー

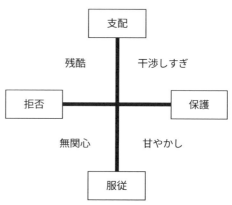

図 5-4　サイモンズの2つの養育次元

ソナリティの関係では、まず支配的な親の子どもは礼儀正しく、正直である一方、自意識が強く、内気な傾向が見られたと報告されている。服従的な親の子どもは不従順で攻撃的、独立心が強く、友人関係を容易に持つことができるとしている。保護的な親の子どもでは、社会的に望ましい行動が多く見られ、情緒的安定の特徴を示したと述べている。明確な二分モデルであり、親子相互交渉とパーソナリティの関係を考えるために参考になる。

3）内的活動モデル（IWM）と他者に対するアタッチメント（愛着）

母親は子どもにとって安全の基地である。子どもは安全基地である母親を求める。この行動をアタッチメント（attachment 愛着）とよぶ。ボウルビイ（Bowlby, J.）は、発達の初期に形成されるアタッチメントは、子どもの心に対応して「自己認知」「他者認知」「関係認知」と「期待」を形成すると述べている。「認知」と「期待」を基本要素として子どもは「母親（成長して社会化すると「他者」に拡大される）は、温かく、自分が不安で困っているときには頼ることができる。それが得られる自分には価値がある」という感覚や信頼感を獲得する。これが内的活動モデル（Internal Working Model：IWM）である（Bowlby, J., 1980）。この基本的信頼感のモデルを養育者以外の他者にも適用できるようになる子どもと、それができない子ども（愛着形成が不全である場合）とで、他者との対人的関係の持ち方には差異が生じると考えられている。

親から受けた養育の経験は青年期以降の他者との愛着関係や「心の健康」に関連を示すことについては、今日でも研究が続けられている（e.g., Hazan & Shaver, 1987; 竹内, 1990）。

(2) 文化とパーソナリティ

パーソナリティ形成に対する文化・社会的要因の影響は、1つの文化圏の中ではっきりさせることは難しい。一人ひとりが日本あるいはアジアの文化圏に特有の対人行動パターンを学習していると言われても、何がアジア的で、何が日本特有であるのかを理解するのは難しい。文化・社会的要因の影響は、複数の文化間でその違いを比較することで初めて理解できる。

1）心理社会的役割としてのジェンダー

アメリカの文化人類学者のミード（Mead, M.）によるニューギニアの3つの部族のフィールド調査は、生物学的な性別と文化・社会的性別役割としての「ジェンダー」が必ずしも同義ではないことを示した最初の研究報告であった。ミードの研究（Mead, 1935）は、その手法に問題があることも指摘されるものの、心理社会的役割という意味での性差やジェンダー獲得の議論に一定の問題提起をした功績はある。このことはパーソナリティ形成における心理社会的環境と文化を検討する必要性を訴求したということでもある。

2）社会・文化を背景として期待される行動様式

人が生育する背景環境としての社会・文化的期待を、日本とアメリカの親の間で比較した調査もよく知られている（東・柏木，1989）。調査からは、日本の母親が「言いつけられた仕事はすぐにやる」従順さ、行儀のよさ、感情の抑制、身辺の早期自立、温和で素直であること、他者と和合して迷惑にならない行動を選択すること、相互依存・同調することを子どもに期待している様子が見いだされた。米国の母親は、子どもには独立した一個の人格としての自覚と発揮を求め、リーダーシップを社会的能力、他者に対し自己の意見を主張する行動を期待していた。日本の同調的で和合を重要視する方向とは異なり、米国の子どもは個性的で他者に安易には同調しない態度が「正しいもの」として期待されていることが浮き彫りになった。欧米文化と日本文化の社会的期待の差異を考える時、日本人の「和」を重んじる対人規範の美点を否定することなく、行動選択の幅を社会文化文脈からの狭さの中に制限されない経験を、子どもたちの早期教育に意識的に組み込むことが「多様性社会」の時代には必要だろう。

5. パーソナリティと健康

(1) 健康と不健康のパーソナリティ

人間主義心理学の提唱者であるマズロー（Maslow, A. H.）は、精神的に健康で、自分の可能性を充分に発揮する状態を実現している人を「自己実現的人

表 5-5　マズローによる「自己実現的な人」の特徴

1	主観的でなく、現実を適切に認識して好ましい関係を保っている。
2	自分自身のあるがままの受容、他者の受容ができる。
3	周囲の思惑にとらわれず、自分の思考・感情・行動を自発することができる。
4	自己中心的でなく、課題志向的である。
5	孤独を楽しむこともできる。集中すること、自己のプライバシーを大切にできる。
6	他者からの評価や要請にとらわれ過ぎず、自律的に行動する。
7	人生の過程で起こる事柄を新鮮な気持で味わうことができる。
8	自身を人類・自然の一部として実感する至高体験を持つ。
9	全人類に対する深い愛情と共感がある。
10	少数の親しい友人や愛する人と、深い心のつながりを持っている。
11	人種・宗教などを超えた友好関係を築くことのできる民主的性格である。
12	手段と目的を混同しない合理的な識別力がある。
13	他者を傷つけるようなものではないユーモア感覚を持つ。
14	創造的である。
15	文化の影響に抵抗する精神の力がある。

間」とよんだ（Maslow, 1954）。マズローは、人類史に足跡を遺す人の記録や自伝をたどり、表5-5のような自己実現的な人の特徴をまとめた。

「自己実現的なパーソナリティ」や資質（表5-5）では「成熟」がキーワードである。人間は発達過程で悩み苦しむ経験を蓄積する。健康なパーソナリティは不健康な過程なしには到達しない。

(2) パーソナリティが健康に影響するとき

パーソナリティのうち認知の側面「思考プロセス」「知識」「ものの見方」は、人の生活場面において展開される気分、行動、身体的な経験、心理社会的な事象を重みづけ方向づける。

今日広く適用される診断基準、DSM-5-TR（米国精神医学会，2022）や国際疾病分類ICD-11（世界保健機関，2018）において記述されている「パーソナリティ症群」類型の基本には、精神医学者シュナイダー（Schneider, K.）の

「異常性格」の概念（Schneider, 1950, 懸田・鰭崎訳, 1954）がある。シュナイダーの「異常人格」には「正常」と連続性はあるが、精神疾患とは異なるという含みがある。シュナイダーの初期の類型では「意志欠如」「発揚（軽躁）」「爆発」「情性欠如」「狂信」「自己顕示」「抑うつ」「自信欠乏」「無力」「気分易変」など日常的な臨床像を想起させる10の類型記述が設定されていた。シュナイダーの10類型のいくつかは、概念を統合し、診断ラベルを変えて、今日のDSM-5-TRにおけるパーソナリティ症群の診断に取り入れられている。

診断名を付与することは治療の介入そのものではない。教育現場では、児童・生徒の特異的な行動逸脱に遭遇することは多いのも事実であるが、教職は診断するのではなく、その子どもの行動・反応の特徴から適応的行動の獲得のために必要な支援を（医療専門職も交えて）多職種連携して模索する必要がある。

パーソナリティ症群の健康影響については、「精神的な原因で、本当に身体症状が出るかどうかは、なお医学で明らかになっているとは言えない」という宮岡（1995）の指摘を参照するとよい。内科的・外科的所見ではっきりしない不調を訴える人に簡単に「ストレス」や「気から来るもの」と説明しようとする診療のあり方を戒め、問い直す指摘もある。「気から来る」「病（やまい）」は治療の対象ではないのか。病んでいるのが「気」であるなら、心配は不要なのか。とくに、何らかのトラブルや犯罪に関与する人は「異常」で「特別」で「最初から特殊性があった」というバイアスは私たちの事象理解の根底に共有されているかもしれない。「特殊性」「異常性」の明確な定義がないまま、生起している社会問題や事件に、「納得しやすい」説明を受け入れる時、それはエビデンス不足の「誤信念」に気づかぬまま頼っていることになる。パーソナリティと事象とを単純に結びつけることはとくに教育の現場では厳に慎まなければならない。教育の現場でも、人権に関わる過ちを生みやすいことを自戒しておくべきである。

1）類型論的記述としてのパーソナリティ症

精神医学や心理学の領域でパーソナリティと健康・不健康をどのようにとらえることができるのか、長い課題である。国際疾病分類（ICD-11：世界保

健機関，2018）の内容にも寄与した米国精神医学会の「精神疾患の診断と統計のためのマニュアル第五・改訂版（DSM-5-TR：米国精神医学会，2022）」における「パーソナリティ症群（Personality Disorder）」の概要を、表5-6で紹介する。DSM-IVではDSM-Ⅲを踏襲して統合失調症など一定以上の期間持続する症状の著しいうつ病や不安障害など精神疾患を診断する第Ⅰ軸と、恒久的に持続するパーソナリティ障害などを記述する第Ⅱ軸、一般身体疾患を記述する第Ⅲ軸、困惑した時に人が頼ることのできるソーシャルサポートや適応の状態などを記述する第Ⅳ軸と、機能の全体的評定を記述する第Ⅴ軸診断、として多軸診断を適用してきた。

2）パーソナリティ症の見直し

その後、DSM-5は、DSM-Ⅳの体系をドラスティックに見直し、2014年に発表された。2022年に発表された現行のDSM-5-TRでは、DSM-5までの「パーソナリティ障害」の呼称も「パーソナリティ症」と改訂されるなど、パーソナ

表5-6　DSM-5-TRのパーソナリティ症群の前提診断

	全般的診断基準	
A	その人の属する文化から期待されるものより著しく偏った、内的体験および行動の持続的様式。この様式は以下の領域の2つ（またはそれ以上）の領域に表れる。	
	(1)	認知（すなわち自己、他者、および出来事を知覚し解釈する仕方）
	(2)	感情性（すなわち、情動反応の範囲、強さ、不安定性、および適切さ）
	(3)	対人関係機能
	(4)	衝動の抑制
B	その持続的様式は柔軟性がなく、個人的および社会的状況の幅広い範囲に広がっている。	
C	その持続的様式は、臨床的に意味のある苦痛、または社会的、職業的、または他の重要な領域における機能の障害を引き起こしている。	
D	その様式は、安定し、長期間続いており、その始まりは少なくとも青年期または成人期早期にまでさかのぼることができる。	
E	その持続的様式は、他の精神疾患の表われ、またはその結果ではうまく説明されない。	
F	その持続的様式は、物質（例：乱用薬物、医薬品）または他の医学的状態（例：頭部外傷）の直接的な生理学的作用によるものではない。	

リティ症の診断や呼称は時代とともに移行している。ここではパーソナリティ症群の前提診断の記述を紹介し、各パーソナリティ症については名称を紹介するにとどめる。

パーソナリティの何が特異で偏倚し、その人の能力の発揮を阻害しているか特定することはとても難しい。「特定すること」について、DSM-5-TRはきわめて現象学的である。冒頭に「全般的診断基準」とくに「C その持続的様式が、臨床的に著しい

表 5-7　DSM-5-TR のパーソナリティ症群の分類名

A 群パーソナリティ症
猜疑性パーソナリティ症
シゾイドパーソナリティ症
統合失調型パーソナリティ症
B 群パーソナリティ症
反社会性パーソナリティ症
ボーダーラインパーソナリティ症
演技性パーソナリティ症
自己愛性パーソナリティ症
C 群パーソナリティ症
回避性パーソナリティ症
依存性パーソナリティ症
強迫性パーソナリティ症

苦痛または、社会的、職業的、または他の重要な領域における機能の障害を引き起こしている」という前提を記している。記述される「歪み」が、本人もしくは周囲の人が苦しんだり、困ったりする源泉であるなら、その人格（パーソナリティ）はとくに偏りがあるとする前提を定めている。

表 5-7 に、「全般的診断基準を前提として顕われる偏倚」の診断名を示す。well-being は「健康」の要件であるが、それぞれの「パーソナリティ症」の臨床的な特徴を詳細に調べると、社会的な「健康」を獲得するのに支援を要する特徴を持つ症状群の存在が推定される。

文献

Allport, G. W.『*Pattern and growth in personality*』Holt, Reinhart & Winston 1961（オルポート, G. W. 星野命（監訳）星野命・入谷敏男・今田寛（訳）『人格心理学』誠信書房 1968）

American Psychiatric Association『*Quick Reference to the Diagnostic Criteria from DSM-IV*』Amer Psychiatric Pub Inc 1994（高橋三郎・大野裕・染矢俊幸（訳）『DSM-IV 精神疾患の分類と診断の手引』医学書院 1995）

American Psychiatric Association『*Diagnostic and Statistical Manual of Mental Disorders,*

Fifth Edition, Text Revision (DSM-5-TR)』Amer Psychiatric Pub Inc 2022（日本精神神経学会（監修）髙橋三郎・大野裕（監訳）染谷俊幸・神庭重信・尾崎紀夫・三村將・村井俊哉・中尾智博（訳）『DSM-5-TR 精神疾患の分類と診断の手引』医学書院 2023）

東洋・柏木惠子『教育の心理学』有斐閣 1989

Bowlby, J.『*Attachment and Loss. Vol. 3: Loss, Sadness and Depression*』New York: Basic Books 1980

Costa, P. T., Jr., & McCrae, R. R.『*Revised NEO Personality Inventory (NEO-PI-R) and NEO Five-Factor Inventory (NEO-FFI) professional manual*』Odessa: Psychological Assessment Resources 1992

Eysenck, H. J.『*Dimensions of personality*』Routledge & Kegan Paul 1947

Eysenck, H. J. & Wilson, G. D.『*Know your own personality*』London: Temple Smith 1975

Goldberg, L. R.「The structure of phenotypic personality traits.」『*American Psychologist*』American Psychological Association 48 (1993) 26-34.

Hazan, C. & Shaver, P.「Romantic love conceptualized as an attachment process.」『*Journal of Personality and Social Psychology*』American Psychological Association 59 (1987) 270-280.

柏木惠子「人格・発達」梅岡義貴・大山正（編著）『心理学の展開』北樹出版 1980

John, O. P., Naumann, L. P., & Soto, C. J.「Paradigm shift to the integrative Big-Five trait taxonomy: History, measurement, and conceptual issues.」In O. P. John, R. W. Robins, & L. A. Pervin (Eds.)『*Handbook of personality: Theory and research 3rd ed.*』New York: Guilford Press 2008 114-158.

Kretschmer, E.『*Köerperbau und Charakter*』Springer 1955

正木正・依田新『性格心理学』司学社 1951

Maslow, A. H.『*Motivation and personality*』Harper & Brothers 1954（小口忠彦（監訳）『人間性の心理学－モチベーションとパーソナリティ』産業能率大学出版部 1971

McCrae, R. R., & Costa, P. T.「The Five-Factor Theory of Personality.」In O. P. John, R. W. Robins, & L. A. Pervin (Eds.)『*Handbook of Personality*』New York: The Guilford Press (2008) 159-181.

Mead, M.『*Sex and Temperament in Three Primitive Societies*』Morrow 1935

宮岡等『内科医のための精神症状の見方と対応』医学書院 1995 p.105.

大村政男『血液型と性格』福村出版 1990

Schneider, K.『*Die Psychopathischen Persönlichkeiten 9 Aufl.*』Franz Deuticke 1950（シュナイデル, K. 懸田克躬・鰭崎徹（訳）『精神病質人格』みすず書房 1954）

Symonds, P. M.『*The psychology of parent-child relationship*』Prentice-Hall 1937

詫摩武俊「性格の定義・性格の研究史」詫摩武俊・瀧本孝雄・鈴木乙史・松井豊『性格心理学

への招待［改訂版］』サイエンス社 2003
竹内美香「両親の養育態度と軽度精神症状 Parental Bonding Instrument の妥当性」『精神科診断学』日本評論社 1 (1990) pp.91-100.
Thomas, A. & Chess, S. 『*The dynamics of psychological development*』Brunner/Mazel Publisher 1980（チェス, C. & トーマス, A.（著）林雅次（監訳）『子供の気質と心理的発達』星和書店 1986）
Thomas, A., Chess, S., & Birch, H. G. 『*Temperament and Behavior Disorders in Children*』New York University Press 1968

第二部　応用的領域 ── 臨床発達心理学

第6章 スクールカウンセリング・問題行動と心理的支援

1. 教育領域における問題行動とスクールカウンセラーの役割

　教育領域においては、いじめ、暴力行為、不登校、自殺、子どもの貧困、児童虐待、性的マイノリティなど、さまざまな心理社会的課題が指摘されている。本節では、我が国においてとくに深刻な問題となっているいじめ、暴力行為、不登校について定義や現状を提示し、これらの問題を支援する専門家の一人として配置が推進されてきた、スクールカウンセラーの役割について述べる。なお、いじめ、暴力行為、不登校に関する発生件数の推移は、「令和5年度 児童生徒の問題行動・不登校等生徒指導上の諸課題に関する調査結果について（文部科学省, 2024）」を参照されたい。

(1) 教育現場における問題行動
1) いじめ
　いじめとは、「児童等に対して、当該児童等が在籍する学校に在籍している等当該児童等と一定の人的関係にある他の児童等が行う心理的又は物理的な影響を与える行為（インターネットを通じて行われるものを含む。）であって、当該行為の対象となった児童等が心身の苦痛を感じているもの（いじめ防止対策推進法第2条）」と定義されている。いじめは未然防止が前提となるが、発生自体を積極的に認知し、早期対応を行うことが求められており、早期発見・早期対応のためにもいじめをより広くとらえる方向へと定義が変遷している。令和5年度における小・中・高・特別支援学校におけるいじめの認知件数は732,568件（過去最多）であり、そのうち、いじめ防止対策推進法第28条第

1項に規定する重大事態の発生件数は1,306件であった。

2）暴力行為

暴力行為とは、「自校の児童生徒が、故意に有形力（目に見える物理的な力）を加える行為」であり、被暴力行為の対象によって、「対教師暴力（教師に限らず、用務員等の学校職員も含む）」、「生徒間暴力（何らかの人間関係がある児童生徒同士に限る）」、「対人暴力（対教師暴力、生徒間暴力の対象者を除く）」、学校の施設・設備等の「器物損壊」の四形態に分けられる（文部科学省, n.d.）。小・中・高等学校における暴力行為の令和5年度発生件数は108,987件であり、暴力行為発生件数の推移（文部科学省, 2024）を見ると、小学校での増加が目立っている。

3）不登校

不登校とは、「何らかの心理的、情緒的、身体的、あるいは社会的要因・背景により、児童生徒が登校しないあるいはしたくともできない状況にあるために（ただし、病気や経済的理由を除く）、年間30日以上欠席したもの」と定義される（文部科学省, 2024）。不登校児童生徒数の推移（文部科学省, 2024）を見ると、平成24年度以降から増加傾向にあったが、令和2年度から急増し、令和5年度における不登校児童生徒数は346,482人と過去最多であった。学年別にみると、学年が上がるほど不登校人数は増加する傾向にある。

(2) スクールカウンセリングの現状

1）スクールカウンセリングの導入状況

これらの問題をふまえて、児童生徒や保護者の抱える悩みを受け止め、学校におけるカウンセリング機能の充実を図るため、文部省（現文部科学省）は、1995（平成7）年に「スクールカウンセラー活用調査研究委託事業」を開始し、全国154校に「心の専門家」として臨床心理士などを配置した。2001（平成13）年度からは、全国の中学校に計画的に配置することを目標に、「スクールカウンセラー活用事業補助」が開始された。そして、2017（平成29）年には学校教育法施行規則が改正され、スクールカウンセラーが法令上の職として明確に位置づけられた。第3期教育振興基本計画（2018（平成30）年6月15

日閣議決定）においては、2019（平成31）年度までに、原則としてスクールカウンセラーを全公立小中学校に配置するとともに、それ以降は、配置状況もふまえ、配置時間の充実等学校における専門スタッフとしてふさわしい配置条件の実現を目指すとされた。2021（令和3）年度時点では、小学校は19,336校中17,516校、中学校は10,076校中8,959校、高等学校は4,856校中2,533校に配置されている（文部科学省，2021; 文部科学省，2022）。

2）スクールカウンセラーの要件、勤務形態

スクールカウンセラーの要件としては、「①公認心理師、②公益財団法人日本臨床心理士資格認定協会の認定に係る臨床心理士、③精神科医、④児童生徒の心理に関して高度に専門的な知識及び経験を有し、学校教育法第1条に規定する大学の学長、副学長、学部長、教授、准教授、講師（常時勤務をする者に限る）又は助教の職にある者又はあった者、⑤都道府県又は指定都市が上記の各者と同等以上の知識及び経験を有すると認めた者のいずれかに該当する者から、実績も踏まえ、都道府県又は指定都市が選考し、スクールカウンセラーとして認めた者」となっている（文部科学省，2024）。公認心理師とは、2017（平成29）年9月に施行された公認心理師法を根拠とする日本初の心理職の国家資格であり、2018（平成30）年から、スクールカウンセラーの要件として第一番目に公認心理師が記載されることとなった。

スクールカウンセリングの制度は当初、週2回、半日4時間、年間70回の勤務を原則として開始されたが、配置を希望する学校が増加しスクールカウンセラーの数が不足するようになった結果、複数校を巡回する方式も採用され、勤務形態も柔軟に運用されるようになった（文部科学省，n.d.）。現在では、週1回の1日8時間勤務も認められている。多くの自治体ではスクールカウンセラーを1年契約の非常勤職員として雇用し、賃金は時給制で、額は自治体や学校により異なる。大半のスクールカウンセラーが2～3校を掛け持ちで担当するケースが一般的となっている（厚生労働省，2023）。現場のニーズに沿って、少しずつ柔軟な勤務形態に変化しているものの、非常勤という不安定な雇用形態であることや、学校にとっては、スクールカウンセラーの相談時間が短いことや曜日が限られていることから、児童生徒や保護者が相談した

いタイミングに相談できないという課題がある（文部科学省, n.d.）。そこで、複数の相談職員の配置の仕組みを有している自治体も多く、日常的に子どもたちに接する相談員等と、月に数回来校するスクールカウンセラーとがうまく分業している例（相談員等に対するコンサルテーションも含む）も見受けられる（嶋田, 2021）。

(3) スクールカウンセラーの役割

1) スクールカウンセラーの活動内容

スクールカウンセラーの業務を、表6-1に示した。実際には、これらの中から、校長の指示、監督の下で、校内の生徒指導部会や不登校委員会などで申し合わせた活動を行うことになる（嶋田, 2021）。なお、②のコンサルテーションとは、コンサルタント（例：スクールカウンセラー）が自らの専門性に基づき、クライエント（子ども）に直接関わるコンサルティ（例：教師）を援助するプロセスを意味する（石隈, 1999）。

スクールカウンセラーの要件として第一番目に記載されている公認心理師の業務も、①心理的アセスメント、②心理的支援（相談・助言・指導）、③関係者への心理的支援、④心の健康教育であるため、表6-1の業務とおおむね共通していることがわかる。とくに、昨今の学校現場においては、「チーム学校」という概念のもと、連携の重要性が強調されている。公認心理師においても、公認心理師法第4条で「連携」の役割が明記され、多職種連携や地域連携が求められているため、スクールカウンセラーとして勤務する公認心理師は、

表6-1 スクールカウンセラーの業務

①児童生徒に対する相談・助言
②保護者や教職員に対する相談（カウンセリング、コンサルテーション）
③校内会議等への参加
④教職員や児童生徒への研修や講話
⑤相談者への心理的な見立てや対応
⑥ストレスチェックやストレスマネジメント等の予防的対応
⑦事件・事故等の緊急対応における被害児童生徒の心のケア

（文部科学省, n.d.）

「チーム学校」を構成する一員として活動することが重要となる。

2）チーム学校

チーム学校とは、学校と家庭、地域との連携・協働によって子どもの成長を支えていく体制を作ることである。2015（平成27）年に、中央教育審議会の答申を受けて文部科学省が公表した「チームとしての学校の在り方と今後の改善方策について」によれば、チームとしての学校像とは、「校長のリーダーシップの下、カリキュラム、日々の教育活動、学校の資源が一体的にマネジメントされ、教職員や学校内の多様な人材が、それぞれの専門性を生かして能力を発揮し、子どもたちに必要な資質・能力を確実に身に付けさせることができる学校」である。チーム学校を実現するため、専門性に基づくチーム体制の構築、学校のマネジメント機能の強化、教職員一人ひとりが力を発揮できる環境の整備という3つの方針が出されている。また、チーム学校の活動の中核となる「チーム援助」には、すべての子どもから苦戦している子どもまでを対象とする活動が含まれており（石隈，1999）、後述する「心理教育的援助サービス」を複数の援助者とともに行っていくことを意味している。

3）予防的対応

石隈（1999）は、コミュニティ心理学における一次予防、二次予防、三次予防のモデルを参考にした、三段階の「心理教育的援助サービス」を提唱している（図6-1）。心理教育的援助サービスは、「一人ひとりの子どもが発達する上で出合う学習面、心理・社会面、進路面、健康面など学校生活の問題状況や危機状況を援助し、すべての子どもの成長を促進する活動」と定義される。

一次的援助サービスでは、すべての子どもが対象となり、問題が発生することを予防する予防的アプローチと、適応を促進する方向性の促進的アプローチがある（水野，2018）。二次的援助サービスとは、普段の学校生活の中で苦戦している子どもや、ライフイベントが重なると不適応症状を起こす可能性のある子どもなどを早期に発見し、援助につなげることである。三次的援助サービスとは、特別なニーズをもつ特定の子どもやその保護者に対する支援のことである。一次的援助サービスがきっかけとなり、二次的・三次的援助サービスの対象者を抽出できることもある。また、このモデルでは、一次的援助サー

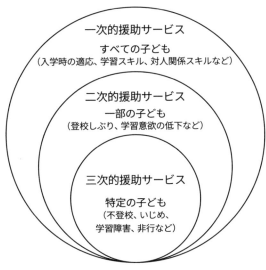

図 6-1　三段階の心理教育的援助サービス
（石隈，1999）

スが援助サービスの基盤となり、そこに二次的・三次的援助サービスを加えていくことが強調されている（石隈他，2014）。そのため、スクールカウンセラーは、配置校で力を入れていることや配置校の現状を確認した上で、ソーシャルスキルトレーニングやストレスマネジメントといった、すべての子どもを対象にした予防的支援を行うことも重要な役割となる。また、心理教育的援助サービスを支えるのは教職員であるが、令和4年度の精神疾患による病気休職者は6,539人と過去最多を記録している（文部科学省，2023）。そのため、表6-1の④や⑥の業務も、心理教育的援助サービスを支える上で重要な業務といえよう。

2. 問題行動の理解と心理的支援

　効果的な心理的支援を行うためには、対象児童生徒または関係者（保護者や教職員など）の主訴（最も困っていることは何か）を理解し、問題行動に関する情報を収集し、問題行動がなぜ続いているのかの仮説を立て、援助戦略を考

えるプロセスが必要となる。本節では、学校現場における多面的な情報収集、認知行動理論に基づく見立てや支援、チーム援助の進め方について事例を用いながら紹介する。

(1) 問題行動に関するアセスメント
1) 情報収集の手段

情報収集の方法としては、観察法、面接法、検査法が挙げられる。観察法では、座学の授業時間、グループワークといった行動の自由度が比較的高い授業時間、休み時間、相談室での時間といった、環境の違いによって本人の行動がどのように異なるのかを、表情、言葉遣いや声のトーンなどの違いも含めて観察する。面接法では、対象児童生徒または保護者や教職員とのコミュニケーションを通して情報を得る。開かれた質問（自由度の高い質問）によって、本人や関係者の主観的な感情や体験を尋ねるだけでなく、閉ざされた質問（はい・いいえ、欠席回数といった、具体的な回数・頻度などを答える質問）を組み合わせることで、客観的な情報も合わせて得るようにする。また、低年齢の子どもは自らの考えや感情をモニタリングする力が弱いことや、問題意識や問題解決への動機づけが低いことも多いため、対象児童と直接面接を行う場合は、自然で楽しいコミュニケーションを行いながら情報収集を行う（下山, 2022）。最後に、検査法は、知能検査、発達検査、症状評価尺度、認知や感情を測定する尺度などを活用した情報収集が挙げられる。

2) 生物・心理・社会モデルに基づく情報収集

教育・学校領域において心理支援を行うにあたっては、子どもの「個が抱える問題」だけでなく「問題をめぐる環境要因との相互作用」をも含めた生態学的（エコシステミック）な視点に立ち、事例を見立てることが求められる（大河原, 2019）。そこで、「生物・心理・社会モデル」を念頭に置きながら情報収集を行っていく（図6-2）。その際のポイントは、生活場面で起きている具体的な困りごととその状況（いつ、どのような支障が生じているのか、対象児童生徒はどのような行動をとり、周囲はどのような対応をしているのか、対象児童生徒の考え、身体的な反応など）を具体的に把握することから始める点で

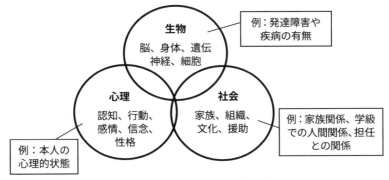

図6-2　生物・心理・社会モデル

ある。最初から、家族関係や親子関係、学校の風土、幼少期からの性格や発達障害などの素因だけに着目すると、問題を理解したつもりになり、具体的な支援方法を見いだすことが困難になることがある。そのため、「生物・心理・社会モデル」に基づき多角的に情報を理解しつつも、まずは生活場面で生じる問題行動をエピソードレベルで理解することが肝要である。

3）学校現場における問題整理のポイント

次に、臨床心理学の理論を参照しながら、問題の成り立ちに関する仮説を立て、援助戦略を考えていく。嶋田（2021）は、学校における認知行動療法のケース整理の視点として、以下の点を挙げている（表6-2）。①と関連して、学校の中で勤務するスクールカウンセラーは、学校の"ニーズ"に応じて活動することが求められる。支援目標を立てるにあたり、抽象性が高いニーズを伝えられた場合には、どのような場面でどのような行動をすることを期待しているのかをエピソードのレベルで引き出し、先生方とそのイメージを少しずつ共有することが必要となる。一方で、心理専門職の視点としては、具体的な行動が改善されることによって「どのような適応の向上がもたらされるのか」を念頭におく必要がある。そこで、"支援の目標"を、支援対象の児童生徒やそれを支える学校の先生の双方に有意義な目標としてとらえ直し、遂行していくことが大切となる（嶋田，2021）。

表6-2　学校におけるケース整理の仕方

①困っているのはだれか 　子どもの問題ではあるが、誰が問題意識を持っているかによって支援方法の手順が異なる（例：担任が問題意識を持っている場合は、まずは担任との関わりを中心に支援方法を考える）。
②なぜ問題が生じたのか（生起要因） 　今からでも打てる手があればそれに向けた支援を考える。一方で、生起要因のみにこだわると壁にぶつかることも少なくないため注意する。
③なぜ問題が続いているのか（維持要因） 　実際の支援の際には一般に生起要因よりも維持要因を重視する。それによって、学校内で打てる手だてが見つかる可能性が高まる。
④発達障害や精神障害の可能性の考慮 　問題がそれらの特徴や症状のあらわれである場合には、その特徴や症状をふまえた支援方法を用いる。
⑤当面できることと、長い目でかかわることとを分けて考えていく 　保護者が問題意識を持っていない場合は、最初から保護者の支援を中止にすえることは難しいため、ゆくゆく扱うことを考える。

嶋田（2021）を基に作成

（2）認知行動療法に基づく心理的支援

1）オペラント条件づけに基づく見立てと支援

　子どもの行動を環境との相互作用で理解するための方法として、認知行動療法における「三項随伴性」の枠組みが挙げられる（詳細は、第3章1－（5）を参照）。われわれの行動は、行動をした直後に良い結果（強化子）がともなえば、同じような状況下で、その行動は繰り返されるようになる。一方で、行動をした直後に良くない結果（弱化子）がともなえば、同じような状況下で、その行動は繰り返されにくくなる。この原理に基づいて、観察される「行動」の前後の環境の特徴を、先行事象（Antecedent：きっかけとなる状況、物事、あるいは気持ちなど）、行動（Behavior）、結果事象（Consequence）の連鎖に当てはめて理解する。われわれは、自分自身や他者に何らかの問題行動が生じたときに、「意思の弱さ」や「攻撃的な性格」など、個人の内面に原因を探してしまうことがあるが、内面に原因を求めると、行動変容にむけた具体案が思

いつきにくくなる。しかし、環境との相互作用に着目することで、個人にレッテルを貼らずに、具体的で効果的な支援方法を見いだしやすくなる。

　オペラント条件づけに基づく支援では、望ましくない癖を減らし望まれる習慣を形成・維持する手続きを行っていく（鈴木他, 2005）。A（先行事象）、B（行動）、C（結果事象）のすべてに介入できる可能性があることから、介入の選択肢が広がるということも、三項随伴性の枠組みで整理する利点といえる。学校現場においては、問題行動を減らす（「○○しない」）ことが目標になりがちであるが、代わりにどのような望ましい行動を形成するのかも考え、並行して支援を行う必要がある。

　2）事例による理解

　授業中に他児へのいたずらをするAの事例を例にあげる。小学校3年生のAは、最近、授業中に他児をからかう行動をたびたびとるようになった。担任の先生は、Aの行動によって周囲が騒がしくなるため、その都度Aのそばへ駆け寄り注意を行う対応をとっていた。しかしながら、結果的に時間がとられて授業の進行が遅れてしまうことや、クラス全体が騒がしくなることに困っていた。担任の先生がAの状況を保護者に伝えると、Aの問題行動が生じ始めた時期と同じ時期に、Aの兄が不登校となっていたことがわかった。一方で、保護者は「今は兄のことで手いっぱいです。Aはまだ学校に通えているので安心しています」と返答するのみであった。スクールカウンセラーは、家庭の中であまり関心を向けてもらえない状況にあることも、Aの問題行動に影響していると考えたが、保護者は現時点で問題意識をもっていないため、ひとまずはAと担任との関わりを中心に支援方法を考えることとした。

　Aの「他児へのいたずら」について三項随伴性に基づく分析を行ったところ、図6-3に示したように、担任や周囲からの注目を獲得することによって、他児へのいたずらが続いていることが考えられた。そして、家庭の中であまり関心を向けてもらえない状況を考えると、教室で注目を得ることが家庭での不満を解消する体験になっていることが想定された。そこで、スクールカウンセラーは、担任の先生と相談し、他児へのいたずらをしたときには、適切ではないということのみを伝え、Aのそばに駆けつけることはせずに淡々と対応するよう

図6-3 三項随伴性に基づくAの問題行動の分析と理解

に伝えた。そして、他児にいたずらをせずに授業に取り組んでいるときには、なるべくAに注目をして、ほめてあげるような関わりを行うように提案した。支援のポイントとしては、第一に、他児のいたずらに対して反応を小さくする関わりのみでは、Aが注目を得る手段をなくしてしまうともいえるため、Aが注目を得るための適切な行動を教える手続きを併用するということである。第二に、先生方が普段用いている指導方法のレパートリーを活かす形で支援方法を提案することである（嶋田，2021）。たとえば、「言葉でたくさんほめてください」と提案されても、担任の先生は全体を見ながら授業を進める必要があるため、負担感を抱くことも考えられる。そこで、Aを見ながら笑顔でうなずくなど、注目と同じ機能をもち、当該の先生が元々もっているスキルを用いた支援策を計画することが重要となる。

3. チーム学校を活用した心理的支援

本節では、不登校の支援を例に挙げながら、チーム学校に基づくスクールカウンセラーの支援方法とチーム援助を行う際のポイントを紹介する。

(1) チーム援助の構成

チーム援助の形態には、①カリキュラムや援助サービスのマネジメント委員会（山口他，2011）②援助サービスをコーディネートするコーディネーション委員会（家近・石隈，2003）、③特定の児童生徒への個別の援助チーム（石隈・田村，2003）がある。マネジメント委員会とコーディネーション委員会は学校の組織を活かしたチーム援助であり、個別の援助チームは「組織がなく

てもできる個別のチーム援助」である（田村，2019）。

　個別のチーム援助には，図6-4と表6-3に示したように，①コア援助チーム，②拡大援助チーム，③ネットワーク型援助チームがある（石隈・田村，2018）。チーム援助を効果的に機能させるには，このような階層性を導入し，3人ほどに厳選されたコア・スタッフ（コア援助チーム）が支援の見通しを立

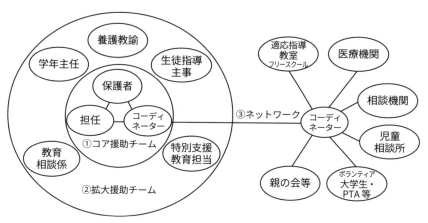

図6-4　ネットワーク型援助チームの例
（石隈・田村，2018）

表6-3　各援助チームの構成員と役割

①コア援助チーム	主に，保護者・担任・コーディネーターが援助チームの核になり，直接的・間接的に子どもの援助を主導する。コーディネーターは，教育相談係・生徒指導係・学年主任・養護教諭・特別支援教育コーディネーター担当・スクールカウンセラーなどが行う。主に，課題解決型コンサルテーションが行われる。
②拡大援助チーム	子どもにとって必要な学校内での援助資源に参加を依頼し，作戦会議（石隈，1999）を行いつつ援助する。人数は，4～8人までが適当である。
③ネットワーク型援助チーム	拡大援助チームのメンバーが保有するネットワークを通じて広く援助を要請する。

石隈・田村（2018），田村（2019）を基に作成

て、必要に応じて他のメンバーに承諾を得て指示を出す機動力のある体制が必要である（神村，2024）。

(2) チーム援助を行う際のポイント

チーム学校を効果的に進めていくためには、「機能的役割分担」の考え方が有用とされている。嶋田（2021）によると、機能的役割分担では、第1に、目標（理想的な長期的目標というよりは、児童生徒のアセスメントに基づいた現実的な短期目標）自体をチーム内で共有することを行う。第2に、目標を達成するために、校務分掌を基盤としながら、当該の児童生徒に誰がどのように働きかけるのかをお互いに共有しながら実行する。第3に、実行の成果を互いに共有しながら、それぞれの働きかけが機能していることを確認する（機能していなければ、最初に戻りアセスメントからやり直す）。

(3) 不登校の問題に対するチーム援助の実際

1）家にいるメリットを段階的に減らし、登校へのメリットを増やす

不登校支援においても、第2節で解説を行った認知行動療法の考え方が役立つ。不登校支援の原則は、「家にいるメリットを減らし、学校に行くメリットを増やす」ことと言われている（小野，2015；小堀，2022）。たとえば、早起き、勉強、運動が苦手な子どもにとっては、家ではこれらの活動に縛られる必要がなくなり、自分が決めたスケジュールで自由に過ごすことができる。また、スマホやゲームが自由に行えること、苦手な対人関係を回避できる、親と過ごす時間がメリットになっている場合もある。メリットという言葉は、第2節で解説を行ったオペラント条件づけの理論では強化子に該当する。

そこで、子どもが家にいるメリットは何なのかを知ることが支援の第1段階となる。そのためには、コア援助チームの一員となる保護者の協力を得て、一日の状況を把握することが必要になる。そして、第2段階として、メリットのバランスを変えていくために、保護者には家のメリットを減らす面で協力を仰ぎ、学校の先生方には学校のメリットを増やす面で協力を仰いでいく（小堀，2022）。

小堀（2022）は具体的な方法として以下の点を挙げている。まず、家のメリットを変える際には、いきなりすべてをなくすのではなく、本来学校に行っている時間はスマホを触らないようにする、買い物に行くことはやめるなど、親子での話し合いを通してルールを決めていく。また、自由に親子の触れ合いができることがメリットになっている場合は、本来学校に行っている時間帯については触れ合いをあっさりとしたものに変えていくことも挙げられる。一方、学校のメリットを増やすための協力については、担任の継続的な電話や手紙などを通じて「登校を待っているよ」ということを伝えて、本人が来やすい時間帯の来校を促すことが挙げられる（小堀，2022）。画を描くことが好きな児童生徒には、校内のポスター制作を手伝ってもらうなども、登校のきっかけを作り、学校に行くメリットを増やすことにつながると考えられる。

2）別室登校から教室復帰に向けたチーム援助

認知行動療法に基づく支援では、達成したい行動を細かく分割し、どのようにすれば段階的にクリアしていくことができるのかを具体的に考えることを行う。教室復帰についても、いきなり教室に戻すことを考えるのではなく、放課後登校や保護者同伴登校、保健室、校内の適応指導教室、相談室登校などを利用しながら、実際の教室の場面に少しずつ近づけていく。なお、別室登校の場合も、学校の生徒指導運用ルールをふまえて生徒指導を行う必要がある。これらのスモールステップでの支援は、初めは不安な状況にあっても落ち着くことができたと実感できた経験を重ねることになり、今後の課題克服において自信につながる（神村，2024）。

スモールステップでの支援として、嶋田（2021）では、不登校支援におけるチーム援助の一環として、次のような方法が報告されている。

相談室登校から支援を開始したが、そこで相談室で取り組んでいる問題集の内容でわからないところがあれば、職員室の教科担当に質問しに行くという課題を設定した。その際、教科担当は短時間のやり取りになるよう配慮し、学習内容の理解度よりも取り組む姿勢をほめる声かけを行う役割を担った。また、他の職員は、生徒がスクールカウンセラーと教室復帰に向けた練習を行っている際には、授業時間中であっても注意や指摘はしないようにした。

その後、教室で、担任は教室の生徒に対して行っているのと同様に、勉強や生活上の課題、提出物について指示を行い、目標設定の役割を果たした。そして、教育相談主任の先生は、担任からの指示に応じた具体的な解決策の実行を補助する役割を担った（課題の提出を手伝う、できない課題を報告する等）。この間、スクールカウンセラーは、上記の支援計画の立案と、生徒の取り組みに対し、社会的称賛を中心に情緒的なサポートを行う役割を担った。

この例では、まず相談室登校から支援を開始し、相談室登校が安定してきた段階で、教室での授業受講を最終目標として、教職員と連携しながら支援が進められており、段階的に達成したい行動をクリアしていく具体的な手順として大変参考になる。

4. まとめ

本章では、教育現場における問題行動の定義や現状、スクールカウンセラーの役割とその現状について概説し、学校現場における心理的支援の具体的方法として、認知行動療法の立場からのアプローチを紹介した。また、近年教育現場で重視される「チーム学校」について、心理的支援の観点からどのように機能させていくかを述べた。

社会の大きな変化を背景に、教育現場で直面するさまざまな課題に対応するため、スクールカウンセラーの役割は多様化している。一方で、スクールカウンセラーは、支援の基盤となる見立ての力や心理的支援の方法論を習得し、多職種と連携しながら自己の役割を果たすとともに、自らの役割を社会に示していくことが求められる。また、スクールカウンセラーの常勤化など、教育現場の現状やニーズに応じた社会の変化も期待される。

参考文献

中央教育審議会『チームとしての学校の在り方と今後の改善方策について（答申）』文部科学省 (2015) Retrieved October 25 2024 from https://www.mext.go.jp/b_menu/shingi/chukyo/chukyo0/toushin/__icsFiles/afieldfile/2016/02/05/1365657_00.pdf

家近早苗・石隈利紀「中学校における援助サービスのコーディネーション委員会に関する研究 ── A 中学校の実践をとおして」『教育心理学研究』日本教育心理学会 51（2023）pp.230-238.

石隈利紀『学校心理学 ── 教師・スクールカウンセラー・保護者によるチームによる心理教育的援助サービス』誠信書房 1999

石隈利紀・家近早苗・飯田順子『学校教育と心理教育的援助サービスの創造』学文社 2014

石隈利紀・田村節子『新版 石隈・田村式援助シートによるチーム援助入門：学校心理学・実践編』図書文化 2018

神村栄一『教師と支援者のための"令和型不登校"対応クイックマニュアル』ぎょうせい 2024

小堀彩子「認知行動療法を活用したスクールカウンセリングの展開」下山晴彦（監修／編）『臨床心理フロンティア 公認心理師のための「心理支援」講義』北大路書房 2022 pp.59-108.

厚生労働省『スクールカウンセラー』厚生労働省職業情報提供サイト（2023）Retrieved October 25 2024 from https://shigoto.mhlw.go.jp/User/Occupation/Detail/412

水野治久「3 段階の心理教育的援助サービス ── すべての子ども、苦戦している子ども、特別なニーズを要する子ども」野島一彦・繁桝算男（監修）石隈利紀（編）『公認心理師の基礎と実践⑱ 教育・学校心理学』遠見書房 2019 pp.79-88.

文部科学省『教育振興基本計画 平成 30 年 6 月 15 日閣議決定』文部科学省（2018）Retrieved October 25 2024 from https://www.mext.go.jp/content/1406127_002.pdf

文部科学省『児童生徒の問題行動・不登校等生徒指導上の諸課題に関する調査 - 用語の解説』文部科学省（n.d.）Retrieved October 25 2024 from https://www.mext.go.jp/b_menu/toukei/chousa01/shidou/yougo/1267642.htm

文部科学省『令和 4 年度 公立学校教職員の人事行政状況調査について（概要）』文部科学省（2023）Retrieved October 25 2024 from https://www.mext.go.jp/content/20231222-mxt_syoto01-000033180_1.pdf

文部科学省『令和 3 年度学校基本調査（確定値）の公表について』文部科学省総合教育政策局参事官（2021）Retrieved October 25 2024 from https://www.mext.go.jp/content/20211222-mxt_chousa01-000019664-1.pdf

文部科学省『2　スクールカウンセラーについて』文部科学省初等中等教育局児童生徒課（n.d.）Retrieved October 25 2024 from https://www.mext.go.jp/b_menu/shingi/chousa/shotou/066/gaiyou/attach/1369846.htm

文部科学省『2　スクールカウンセリング制度の概要』文部科学省初等中等教育局児童生徒課（n.d.）Retrieved October 25 2024 from https://www.mext.go.jp/b_menu/shingi/chousa/shotou/066/shiryo/attach/1369895.htm

文部科学省『令和 5 年度 児童生徒の問題行動・不登校等生徒指導上の諸課題に関する調査結果について』文部科学省初等中等教育局児童生徒課（2024）Retrieved November 9 2024 from https://www.mext.go.jp/content/20241031-mxt_jidou02-100002753_1_2.pdf

文部科学省『スクールカウンセラー等活用事業に関するＱ＆Ａ』文部科学省初等中等教育局児童生徒課（2022）Retrieved October 25 2024 from https://www.mext.go.jp/a_menu/shotou/seitoshidou/20230406-mxt_kouhou02-2.pdf

文部科学省『スクールカウンセラー等活用事業実施要領』文部科学省初等中等教育局児童生徒課（2024）Retrieved October 25 2024 from https://www.mext.go.jp/a_menu/shotou/seitoshidou/20240930-ope_dev03-2.pdf

小野昌彦「第5章 ─ 教育：通常学級② 未支援長期不登校の生徒依頼行動の形成」日本行動分析学会（編）山本淳一・武藤崇・鎌倉やよい（責任編集）『ケースで学ぶ行動分析学による問題解決』金剛出版 2015 pp.70-73.

大河原美以「スクールカウンセリングの枠組み 何を援助するか」野島一彦・繁枡算男（監修）石隈利紀（編）『公認心理師の基礎と実践⑱ 教育・学校心理学』遠見書房 2019 pp.55-65.

嶋田洋徳『実践入門！学校で活かす認知行動療法』ほんの森出版 2021

下山晴彦「子どものための認知行動療法の基本を学ぶ」下山晴彦（監修／編）『臨床心理フロンティア 公認心理師のための「心理支援」講義』北大路書房 2022 pp.1-57.

鈴木伸一・神村栄一（著）坂野雄二（監修）「実践家のための認知行動療法テクニックガイド：行動変容と認知変容のためのキーポイント」北大路書房 2005

田村節子「子どもの多様な援助者によるチーム援助」野島一彦・繁枡算男（監修）石隈利紀（編）『公認心理師の基礎と実践⑱ 教育・学校心理学』遠見書房 2019 pp.66-78.

山口豊一・石隈利紀・山本麻衣子「中学校のマネジメント委員会に関する研究 ─「問題解決・課題遂行」機能に視点を当てて」『跡見学園女子大学文学部紀要』跡見学園女子大学 46 (2011) pp.A93-A106.

第7章 メンタルヘルス・神経発達症と特別支援教育

1. 子どものメンタルヘルスの問題と心理的支援

メンタルヘルスとは、個人の精神的な健康状態のことをさし、一般的には心の健康と言われる（心理学辞典，2021）。うつ病や不安症といった心の健康に関わる問題は、子どもから大人まで幅広い年齢層に影響を及ぼしている。とくに、子どものメンタルヘルスは成長や教育面に直結しており、予防教育や早期発見がその後の健全な発達に影響を与える。

本節では、子どもの不安症とうつ病に焦点を当てて、具体的な症状や有病率を概説し、学校現場および外部の専門機関における心理的支援について紹介する。

(1) 子どものメンタルヘルスの問題

1）子どもの不安症

不安症は、DSM-5-TR（American Psychiatric Association, 2022 髙橋・大野監訳 2023）において、「不安症群」に分類されており、分離不安症、場面緘黙、限局性恐怖症、社交不安症、パニック症、広場恐怖症、全般不安症から構成される。おのおのの不安症はいずれも小児期から発症する可能性があるが、パニック症と広場恐怖症はほかの不安症と比べると初発年齢が高いことから、とくに分離不安症、限局性恐怖症、社交不安症、全般不安症の4つを狭義の「子どもの不安症」とまとめることがあり（笹川，2019）、近年はさらに場面緘黙も追加されることとなった（石川，2019）。

分離不安症は、親や養育者などの愛着対象から離れたときに激しい不安症

状を呈する疾患である（例：母親と離れる状況に激しく動揺し、泣いたり拒否したりする）。場面緘黙は、話す力はあるにもかかわらず、特定の社会的状況において話すことができない疾患である（例：家庭では普通に発話をしているが学校では話すことができない）。限局性恐怖症は、限定的な状況や刺激に対して激しい不安症状を呈する疾患である（例：高所、暗所、ヘビ、クモ、注射、嘔吐物などを過剰に恐れる）。社交不安症は、他者からの注目をあびる可能性のある社交状況に対して激しい不安・恐怖、回避を示す疾患である（例：人前での発表に強い不安を感じ、そのような状況を避ける）。全般不安症は、多数の出来事または活動について過剰な不安や心配をする疾患である（例：仕事、将来、些細な出来事などさまざまなことが心配になり、不眠や心身の緊張などが持続する）（富田，2024）。

　石川（2013）によると、子どもの不安症の時点有病率や3か月有病率は、2.2〜3.8％、6〜12か月有病率は約10％と報告されている。また、これらの不安症の問題は、単独で表れることは少なく、むしろ2つ以上を同時に持っていることが多くあることや、幼いときには不安症が表れ、思春期以降にうつ病となることが多いなど、うつ病との合併も指摘されている（石川，2013）。しかしながら、子どもの不安症は周囲の大人から見過ごされてしまうことが多く（Ollendick & Ishikawa, 2013）、適切な支援がされない場合があることも問題とされている。

　2）子どものうつ病

　うつ病とは、気分の落ち込みや興味・喜びの減退を主な症状とした疾患である。表7-1に示した9つの症状のうち、5つ以上の症状が2週間以上ほとんど毎日認められること、5つのうちの1つは、抑うつ気分（①）か興味・喜びの減退（②）であること、日常生活に支障をきたしていることが診断基準となる。抑うつ気分については、児童や青年では、悲しみやふさぎ込んだ気分より、易怒性や気難しい気分のほうが生じやすいとされている。また、体重の変化についても、児童の場合は5％以上の体重増加はみられないこともある（APA, 2022 髙橋・大野監訳 2023）。さらに、低年齢では身体症状（頭痛、腹痛、腰痛、易疲労感、倦怠感）を訴えることが多い（髙橋，2022）。そのため、

表 7-1　うつ病の症状

①抑うつ気分（例：悲しみ、空虚感、または絶望感）
②通常の活動における興味または喜びの喪失（以前は楽しかったことが楽しめない）
③体重・食欲の減少または増加（例：1か月で体重の5％以上の変化）
④不眠または過眠
⑤精神運動興奮または制止（他者にもわかるほど、落ち着きがなくなる、または動作が緩慢になる
⑥疲労感または気力の減退
⑦無価値観または過剰であるか不適切な罪悪感（妄想的であることもある）
⑧思考力や集中力の減退、または決断困難
⑨死についての反復思考、自殺念慮、自殺企図

DSM-5-TR（APA, 2022 髙橋・大野監訳 2023）より作成

　児童・青年期においては、一般的にイメージしやすいうつの症状が見られなくても、うつ病と考えられる状態になることがあるという点には注意が必要である（石川, 2020）。

　うつ病を含む抑うつ症群の有病率は、児童期で2.8％、青年期で5.6％とされる（Costello et al., 2006）。国内での有病率調査では、北海道で実施された調査では9〜13歳のうつ病の時点有病率は4.2％であり（傳田, 2008）、宮崎県では12〜14歳の時点有病率が4.9％、障害有病率は8.8％であることが報告されている（佐藤, 2008）。さらに、うつ病に罹患した児童・青年の40-90％が何らかの併存症をもち、20-50％は2つ以上の併存症を持つことが報告されている（Birmaher et al., 2007）。

(2) 子どものメンタルヘルスに対する心理的支援
1）心の健康教育
　学校現場においては、子どもが不安症やうつ病に罹患することを未然に防ぐための関わりが重要となる。そこで、学校で実施する抑うつ防止プログラムやストレスマネジメントが役立つ。抑うつ防止プログラムとしては、小学校で実施できるように作成された「フェニックスタイム」というプログラムがある

（佐藤他，2009）。このプログラムは、抑うつ症状の維持・悪化要因とされる、対人関係と認知の偏りをターゲットとしており、学校の実情に合わせて 7 〜 9 回程度の授業数で構成される。具体的には、主に、①心理教育（「きもち」とは何か、きもちのラベリング）、②社会的スキル訓練（「あたたかい言葉かけ」を学ぶ、「上手な頼み方」を学ぶ、「上手な断り方」を学ぶ）、③認知再構成法（きもちには大きさがあることを学ぶ、「できごと・考え・きもち」の関係を知る、いやなきもちになる考えをつかまえる、いやなきもちになる考えをやっつける）を学習する（佐藤他，2009）。フェニックスタイムの特徴は、教師用の指導案を作成することによって、小学校の教員が通常学級における授業時間内で、授業として学級の子どもたちに実施できる点である（石川，2013）。

ストレスマネジメントとは、「ストレスに対する自己コントロールを効果的に行えるようになることを目的とした教育的な働きかけ」と定義される（山中，2000）。先行研究のストレスマネジメントプログラムには、ストレスに関する心理教育、ストレス対処方法の理解と実践、リラクセーション技法の習得、認知的介入といった内容が導入されている。また、ストレス理論の学習に加えて、アサーショントレーニング（自他を尊重した対人コミュニケーションを学ぶ方法）や薬物に関する健康教育などの要素を含む全 30 回のプログラムも実施されている（Caplan et al., 1992）。また、先行研究では、児童を対象にストレス理論の学習とリラクセーションのトレーニングから構成されるプログラム全 18 回を 6 週間にわたり実施した結果、児童の身体的ストレス反応に対するコントロール力が向上し、状態不安が軽減したことが報告されている（Zaichkowsky et al., 1986）。

2）早期発見、早期介入につなげる関わり

学校現場において、不安症やうつ病に罹患するリスクがある児童生徒を発見した場合や、学校現場における問題行動や不適応の解決に向けて不安症やうつ病の治療や支援が必要な場合には、スクールカウンセラー、教育相談機関、大学付属心理相談室、児童思春期精神科専門外来などと連携しながら、支援を行っていく必要がある。不安症やうつ病を主訴とした児童生徒が外部の専門機関において心理的支援を受ける場合に、どのような援助が効果的と考えられる

かを以下に記載する。

子どもの不安症に対しては、認知行動療法（第6章を参照）の有効性が実証されており、研究で最も頑健に支持されていることを意味する「十分に確立された治療法」に分類されている（Higa-McMillan et al., 2016）。具体的には、心理教育、リラクセーション、エクスポージャー法、認知再構成法が主たる介入法として用いられる。中でも、効果が証明されている心理療法の87.9％がエクスポージャー法を用いているため、中核的な技法といえる（Higa-McMillan et al., 2016）。

エクスポージャー法とは、不安場面にとどまり続けることで、不安や恐怖の改善を目指す技法である。不安症に共通するメカニズムとして、不安場面における条件づけ、親や周囲の人間からの情報伝達、および行動のモデリングを介して、不安を引き起こす刺激が脅威であるという学習が起こり、それを回避することが習慣になっていることが挙げられる（笹川，2011）。回避によって目先の不安は避けられるが（第6章のオペラント条件づけと対応）、恐れていたようなことは現実には起こらないということを学習する機会を失い、長期的にはかえって恐怖心が高まってしまうことや、活動範囲が狭まってしまう。そこで、不安場面において適切な行動がとれるような学習を進めていく。その際、子どもの支援においては、いきなり最も苦手な場面に挑むのではなく、段階的に実施することが重要である（石川，2013）。そして、不安が生じても大丈夫であった、想像していたような最悪な結果は起こらなかったという体験を繰り返すことで、頭の中で不安な考えが浮かんでも、現実と同じだけの重みはないことに気づき、最終的には不安を手放すことができるようになる。

心理教育では、不安になることは誰にでもあることであり、特別なことではないことを伝えることや、子どもが感じている感情に当てはまる表現や、その大きさを一緒に探す働きかけを行う（石川，2013）。認知再構成法では、不安症の子どもには認知の偏りがみられることが多いため、遊び心を交えながら「もう少し楽な気持ちになる考え方」のアイデアを出し合い、考え方のバリエーションを増やせるよう促していく。また、子どもは不安の問題を抱えた際に身体症状を訴えやすいため、身体に働きかけるリラクセーションを身につけるこ

とは、子ども自身の困り感を減じる上で有効な場合が多い（笹川，2019）。

青年期のうつ病に対しては、認知行動療法が「十分に確立された治療法」と位置づけられている。一方、児童期のうつ病に対しては、頑健な効果を示す心理療法は現時点では報告されておらず、「効果のある可能性のある治療法」として認知行動療法が位置づけられている（Weersing et al., 2017）。子どものうつ病に対しても、不安症に対する心理的支援と同様に、抑うつ気分を強める否定的な認知に気づき、適応的な考え方に修正する認知再構成法や、生活リズムの改善を行いながら、生活の中で楽しい活動を増やすように計画を立て実践するとともに、生活のなかで生じている回避行動（家族や友達との約束を断るなど）を減弱させていく。

2. 神経発達症と特別支援教育

神経発達症とは、発達期に発症する一群の疾患と定義される（APA, 2022 髙橋・大野監訳 2023）。典型的には発達期早期、しばしば就学前に明らかとなり、個人的、社会的、学業、または職業における機能の障害を引き起こす発達の欠陥あるいは脳内プロセスの差異により特徴づけられる。①知的発達症群、②コミュニケーション症群、③自閉スペクトラム症、④注意欠如多動症、⑤限局性学習症、⑥運動症群、⑦他の神経発達症群から構成される。周囲への適応が難しくなると、二次障害として不安症やうつ病を発症することも多く、メンタルヘルスの問題につながることも少なくない。

本節では、神経発達症の中でも、自閉スペクトラム症、注意欠如・多動症、限局性学習症に焦点を当てて、それぞれの症状を説明する。また、これらの疾患が、近年の教育現場で重視されている「特別支援教育」においてどのような支援を受けているかを紹介する。

(1) 神経発達症の概要

1) 自閉スペクトラム症

自閉スペクトラム症（autism spectrum disorder：ASD）とは、①社会的コミュニケーションおよび対人的相互反応における持続的障害と、②行動、興味、または活動の限定された反復的な様式を中核的な症状とする状態のことである（表7-2）。これらの特徴が発達早期に存在していること（ただし、その後も社会的要求が能力の限界を超えるまで明らかにならないこともある）、そして、2つの中核症状によって、社会や職業といった日常生活に支障をきたしている場合に、ASDと診断がなされる。

有病率については、海外における近年の疫学調査では、1.6％（Baron-Cohen et al., 2009）、2.6％（Kim et al., 2011）などが報告されている。また、今井・伊東（2014）による、神奈川県の地域療育センターを受診した291例を対象とした疫学調査では、5歳児ASD有病率は4.5％であった。ASDの頻度調査に関しては、対象年齢・母集団の規模・採用する診断基準など、調査の方法によって結果は大きく異なるため単純な比較は難しいが、有病率は増加傾向にあ

表7-2　自閉スペクトラム症の特徴

1. 社会的コミュニケーションおよび対人的相互反応における持続的障害
①相互の対人的 — 情緒的関係の困難さ 　対人距離の近さ、通常の会話のやりとりの苦手さ（役割交代の不在、対話の不在、独り言）、興味や感情を共有することの困難さ
②非言語コミュニケーション行動の困難さ 　視線を合わせることと身振りの異常、身振りの理解や使用の困難さ、表情の読み取りの困難さ
2. 行動、興味、または活動の限定された反復的な様式
①常同的または反復的な運動・物の使用・会話 　テレビ番組の短い1シーンを何度も繰り返し再生する、同じ色の積み木だけを積み上げる、反響言語（言われたことを繰り返す）
②同一性への固執、習慣へのかたくななこだわり、感覚過敏・感覚鈍麻 　同じ道順にこだわる、変化に対するかんしゃく、同じ食べ物ばかり食べる、儀式のような挨拶の習慣、音や光に過敏、痛みや体温に対して無関心

平野（2022）より作成

ることが指摘されている。ASDのほぼ半数が平均から平均以上の知的能力をもち、性差として男児は女児の約4倍とされている（井上, 2019）。

　なお、スペクトラムという用語は、自閉的な特徴が一般集団まで連続的（症状が「あるか、ないか」ではなく「強いか、弱いか」という考え方）に分布することを意味している。周囲の環境や療育の状況によって困難の度合いは変化することから、診断名で区分して支援の枠組みを機械的に当てはめるのではなく、子どもの様子に合わせて柔軟に対応する姿勢が求められるといえる（桑原, 2018）。

2）注意欠如多動症

　注意欠如多動症（attention-deficit/hyperactivity disorder：ADHD）とは、不注意と多動性－衝動性が継続的に見られ、そのために学業的活動や職業的活動に悪影響が及んでいる状態のことである。不注意ADHDには不注意と多動性－衝動性を併せ持つタイプと、不注意が目立つタイプ、多動性－衝動性が目立つタイプがある。なお、就学前の主な徴候は多動であり、不注意は小学校でより明らかとなる（APA, 2022 高橋・大野監訳, 2023）。

　「不注意」とは、1つの課題に集中し続けることが苦手であり、細部を見過ごすなどミスをする、容易に脱線してやり遂げることができない、話しかけられたときに聞いていないように見える、課題を順序立てることができない、忘れっぽい、失くしものが多いといったことが挙げられる。順序立てることができないという点については、薬でコントロールすることが難しい症状であり、大事なことを先送りしてしまうため、ADHDではこの症状で困っている人が多いとされている（桑原, 2018）。

　「多動性－衝動性」とは、手足をそわそわと動かす、着席が求められる状況で席を離れる、走り回る・高い所へ登る、静かに遊ぶことができない、じっとしていることができない、しゃべりすぎる、質問が終わる前に答え始めてしまう、順番を待つことが困難、他人の邪魔をする（会話やゲームに干渉する、相手の許可を得ずに他人の物を使い始めるなど）といったことが挙げられる。

　上記のうち1つでも当てはまればADHDなのではなく、17歳未満ならば「不注意」「衝動性－多動性」のそれぞれの特徴について9個のうち6個以上

見られること（17歳以上ならば5個以上）、12歳以前より学校と家庭など2つ以上の場面で見られること、症状によって日常生活に支障が出ていることが診断基準として挙げられる。

　ADHDの有病率については、世界的に児童の約7.2％にADHDが生じることが報告されているが、国によって児童や青年の有病率は0.1〜10.2％と大きく異なる（APA, 2022 髙橋・大野監訳 2023）。日本の有病率は、3〜7％の範囲での報告が多いとされる（池野他，2011）。性差については、男児に多く、女児の3〜5倍と言われる。一方、男児の方が多動や衝動性が女児より目立ちやすく、事例化しやすいことも性差に影響していると考えられる（吉益他, 2006）。

3）限局性学習症

　限局性学習症（Specific Learning Disorder：SLD）とは、①字を読むことや読んでいるものの内容を理解することの困難さ、②字を書くことや言いたいことを文章で伝えることの困難さ、③数学の概念・計算がわかること、数学的な推論をすることの困難さを特徴とする疾患である。重要なことは小学校低学年までに学ぶ基礎的なことにつまずいてしまうということである（岡島, 2020）。

　これらの評価は、標準化された到達尺度や臨床評価によって行われる。標準化された到達尺度としては、一般的には児童用ウェクスラー式知能検査やK-ABC心理教育アセスメントバッテリーを使用する。稲垣・米田（2007）によると、通常、ある領域の学業成績が著しく低く、知能との間に乖離があり、実際は年齢相当の習得が2学年以下の学力水準を示す場合に学習障害を疑って検査を進めるべきと考えられる。知的能力が正常範囲という点についてはさまざま異論はあるが、知能指数の値ではおおむね80〜85以上とするものが多い。さらに、外的な要因（経済的、環境的不利益、長期間の欠席、その他の教育の不足）を理由とした学習困難では説明できないことを確認する必要がある。

　なお、精神医学の中で定義される限局性学習症は、「読み」「書き」「計算」の困難さに限定されている。一方、教育用語として定義されている学習障害

は、「基本的には全般的な知的発達に遅れはないが、聞く、話す、読む、書く、計算する、または推論する能力のうち特定のものの習得と使用に著しい困難を示す様々な状態」と定義される（文部科学省，1999）。文部科学省の定義は、教育の観点から児の示す広い範囲の学習能力に関心が寄せられたものとなっている（稲垣・米田，2017）。

有病率は、読字障害を伴うSLDは、英語圏と本邦で差異があり、米国での調査では4～5％である一方で、本邦では0.7～2.2％の間にあり、約1％程度と推測される（細川，2010）。性差は、男児が約1.5～3倍という報告と、性差は認められないという報告の両方がある。算数障害の有病率については、海外の疫学調査ではおおよそ3～6％とされ、男女比はほぼ変わらないという報告がある（稲垣・米田，2017）。

(2) 特別支援教育における神経発達症への支援

1) 特別支援教育とは

特別支援教育とは、障害のある幼児児童生徒の自立や社会参加に向けた主体的な取り組みを支援するという視点に立ち、幼児児童生徒一人一人の教育的ニーズを把握し、その持てる力を高め、生活や学習上の困難を改善または克服するため、適切な指導及び必要な支援を行うものである（文部科学省，2024）。2007年4月から、学校教育法に位置づけられ、実施されている。従来の「特殊教育」が障害の種類や程度に応じて特別な場で手厚い教育を行うことに重点が置かれていたことに対し、「特別支援教育」は一人ひとりの教育的ニーズに応じた支援に重点が置かれており、小学校・中学校の通常の学級に在籍する神経発達症の子どもも含め、より多くの子どもたちの教育的ニーズに対応した教育を行う。

特別支援教育の制度の対象となる児童生徒を図7-1に示した。なお、通常の学級にも障害のある子どもは多数在籍しており、特別支援教育の重要性はさらに高まっている。2022（令和4）年に文部科学省が実施した調査によると、学習面または行動面で著しい困難を示すとされた児童生徒数の割合は、小学校・中学校においては推定値8.8％、高等学校においては推定値2.2％であった。

```
┌─────────────────────────────────────────────┐  ┌──────────────┐
│              小学校・中学校                  │  │  特別支援学校 │
│  ┌──────────────┐  ┌──────────────┐         │  │              │
│  │   通常学級    │  │  特別支援学級 │         │  │   視覚障害   │
│  │ 通級による指導│  │              │         │  │   聴覚障害   │
│  │              │  │   視覚障害   │         │  │   知的障害   │
│  │   視覚障害   │  │   聴覚障害   │         │  │   肢体不自由 │
│  │   聴覚障害   │  │   知的障害   │         │  │ 病弱・身体虚弱│
│  │   言語障害   │  │   肢体不自由 │         │  │              │
│  │   肢体不自由 │  │ 病弱・身体虚弱│         │  │   約14万人   │
│  │ 病弱・身体虚弱│  │   言語障害   │         │  │              │
│  │自閉症・情緒障害│  │自閉症・情緒障害│        │  │              │
│  │   学習障害   │  │              │         │  │              │
│  │ 注意欠如多動症│  │              │         │  │              │
│  │   約13万人   │  │   約30万人   │         │  │              │
│  └──────────────┘  └──────────────┘         │  │              │
└─────────────────────────────────────────────┘  └──────────────┘
```

図 7-1　特別支援教育の制度と対象となる児童
文部科学省（2021）より作成

なお、同調査が2012（平成24）年に実施されたときは推定値6.5％であったため増加していることが読み取れるが、義務教育段階において通級による指導を受ける児童生徒の数は10年間で約2.5倍になっている。10年間の増加の理由を特定することは困難であるが、通常の学級の担任を含む教師や保護者の特別支援教育に関する理解が進み、今まで見過ごされてきた困難のある子どもたちにより目を向けるようになったことが一つの理由として考えられる（文部科学省，2022）。

2）ソーシャルスキルトレーニング

対人関係に困難を抱えやすいADHDやASDの子どもに対しては、社会で円滑に生きていく上での基本的なルール（例：挨拶をする、謝る、感謝する）やその際の言語・非言語の使い方（例：謝るときは、笑わずに目を見てからごめんなさいと言う）などを理解・実践してもらうトレーニングを行う（岡島，2020）。主な訓練要素は、①モデリングや言語的教示といったスキル提示、②ロールプレイや行動リハーサル（事前練習）といったスキル練習、③訓練者や相手からのフィードバック、④ホームワークや新しい場面での練習といった般化促進（日常生活での実践）から構成される（半田，2019）。ソーシャルスキルトレーニングは、特別な教育的ニーズのある幼児児童生徒に対し、特別支援学校や特別支援学級、通級指導教室、通常の学級といった多様な学びの場で実

3）オペラント条件づけに基づく支援、感情調節の訓練

　神経発達症に対する中核的な支援方法として、オペラント条件づけに基づく支援が挙げられる。オペラント条件づけに基づく行動変容については、第6章を参照されたい。また、養育者自身にオペラント条件づけの知識をふまえた関わり方を学んでもらうことを意図した「ペアレント・トレーニング」も開発され、ASDやADHDの子どもたちへの支援にも活用されている。ペアレント・トレーニングでは、悪い行動を行ったら叱るといったしつけのパターンだけではなく、良い行動を増やすための養育スキルを養育者が身に付けていく（岡島，2020）。

4）認知特性をふまえた支援

　ASD、ADHD、SLDにおいては、認知特性に偏りがみられることが多い。知能検査を実施すると、一般的な子どもはどの能力も平均的な高さを取っているのに対して、ASD、ADHD、SLDの子どもは平均的な高さの能力もあれば、平均を下回ったり上回ったりすることがある（岡島，2020）。そこで、対象児童生徒の苦手な能力と得意な能力を具体的に把握し、日常生活の困難場面と結び付けて理解することを行う。そして、苦手な能力を補うための環境調整や、得意な能力を活かして苦手なところを補う支援方法を考えていく。

　たとえば、ASDの人は、聴覚的理解が苦手で、視覚的な理解が優れているという認知特性を有していることが多い。そのため、学校現場において、対象児童生徒が「聞いて考える」よりも「見て考える」活動ができるように、図などを用いた指導や指示をするような工夫が役立つと考えられる。また、ADHDの人は、不必要な刺激に対して注意が向きやすく、一つの課題をやり遂げることに困難さを示すことから、不要な刺激や情報をできるだけ取り除く工夫や、問題解決の手順や活動の順序を明示して、スモールステップで作業を進めていくことが役立つ。書字障害の特徴を有するSLDの支援においては、形に意味があると覚えやすい場合があるため、ひらがなの成り立ちや意味を説明しながら、「形」と「意味」と「音」を結びつけてトレーニングを行う（岡島，2020）。

3. まとめ

　本章では、まず、教育現場におけるメンタルヘルスの問題に関して、子どもの不安症とうつ病に焦点を当て、具体的な症状、予防教育、心理的支援の方法を紹介した。次に、自閉スペクトラム症、注意欠如・多動症、限局性学習症といった神経発達症の症状と、特別支援教育での支援方法を解説した。神経発達症の二次障害として不安症やうつ病を発症することも多いことから、学校現場では、神経発達症を有する児童生徒一人ひとりの教育的ニーズに応じた支援を展開することに加えて、二次障害を防ぐための心の健康教育も併せて行っていく必要がある。

参考文献

American Psychiatric Association『*Diagnostic and Statistical Manual of Mental Disorders, Fifth Edition, Text Revision (DSM-5-TR)*』Amer Psychiatric Pub Inc 2022（日本精神神経学会（監修）髙橋三郎・大野裕（監訳）染谷俊幸・神庭重信・尾崎紀夫・三村將・村井俊哉・中尾智博（訳）『DSM-5-TR 精神疾患の分類と診断の手引』医学書院 2023）

Baron-Cohen S., Scott F. J., Allison C., Williams J., Bolton P., Matthews F. E., Brayne C.「Prevalence of autism-spectrum conditions: UK school-based population study.」『*British Journal of Psychiatry*』Cambridge University Press 194(6)(2009) 500-509.

Birmaher, B., Brent, D., & AACAP Work Group on Quality Issues.「Practice parameter for the assessment and treatment of children and adolescents with depressive disorders.」『*Journal of the American Academy of Child & Adolescent Psychiatry*』Elsevier 46(11)(2007) 1503-1526.

Caplan, M., Weissberg, R. P., Grober, J. S., Sivo, P. J., Grady, K., & Jacoby, C.「Social competence promotion with inner-city and suburban young adolescents: effects on social adjustment and alcohol use.」『*Journal of consulting and clinical psychology*』American Psychological Association 60(1)(1992) 56.

Costello, E. J. & Angold, A.「Developmental epidemiology」In D. Cicchetti & D. J. Cohen (Eds.)『*Developmental psychopathology: Theory and method (2nd ed.)*』John Wiley & Sons, Inc. 2016 41-75.

傳田健三「児童・青年期の気分障害の臨床的特徴と最新の動向」『児童青年精神医学とその近

接領域』日本児童青年精神医学会 49 (2008) pp.89-100.
傳田健三「『子どものうつ病』再考」『児童青年精神医学とその近接領域』日本児童青年精神医学会 57(3) (2016) pp.415-424.
半田健「特別支援教育のSST」日本認知・行動療法学会（編）『認知行動療法事典』丸善出版 2019 pp.460-461.
Higa-McMillan, C. K., Francis, S. E., Rith-Najarian, L., & Chorpita, B. F.「Evidence base update: 50 years of research on treatment for child and adolescent anxiety.」『Journal of Clinical Child & Adolescent Psychology』Taylor & Francis 45(2)(2016) 91-113.
平野幹雄「第4章　自閉スペクトラム症の理解と支援」『公認心理師スタンダードテキストシリーズ13 障害者・障害児心理学』ミネルヴァ書房 2022 pp.36-47.
池野多美子・小林澄貴・馬場俊明・岸玲子「注意欠如・多動性障害（ADHD）の有病率と養育環境要因に関する文献Review」『北海道公衆衛生学雑誌』北海道公衆衛生協会 25(2)(2012) pp.53-59.
今井美保・伊東祐恵「横浜市西部地域療育センターにおける自閉症スペクトラム障害の実態調査 ── その1：就学前に受診したASD児の疫学 ──」『リハビリテーション研究紀要』横浜市リハビリテーション事業団 23 (2014) pp.41-46.
稲垣真澄・米田れい子「特集　限局性学習症（学習障害）総論：医療の立場から」『児童青年精神医学とその近接領域』日本児童青年精神医学会 58(2)(2017) pp.205-216.
井上雅彦「自閉スペクトラム症（自閉症スペクトラム障害、ASD）」日本認知・行動療法学会（編）『認知行動療法事典』丸善出版 2019 pp.144-145.
石川信一『子どもの不安と抑うつに対する認知行動療法 ── 理論と実践』金子書房 2013
石川信一「子どもの不安症」日本認知・行動療法学会（編）『認知行動療法事典』丸善出版 2019 pp.156-157.
石川信一「子どもの不安症，うつ病 ── 目立たないけど苦しんでいる子どもを救いたい」岡島義・金井嘉宏（編）『使う使える 臨床心理学』弘文堂 2020 pp.83-102.
Kim, Y. S., Leventhal, B. L., Koh, Y. J., Fombonne, E., Laska, E., Lim, E. C., ... & Grinker, R. R.「Prevalence of autism spectrum disorders in a total population sample.」『American Journal of Psychiatry』American Psychiatric Association 168(9)(2011) 904-912.
桑原斉「心理職のための発達障害の診断入門」下山晴彦（監修）『臨床心理フロンティア　公認心理師のための「発達障害」講義』北大路書房 2018 pp.1-53.
文部科学省『通常の学級に在籍する特別な教育的支援を必要とする児童生徒に関する調査結果について（令和4年告示）』文部科学省初等中等教育局特別支援教育課 (2022) Retrieved October 25 2024 from https://www.mext.go.jp/content/20230524-mext-tokubetu01-000026255_01.pdf
文部科学省「（参考資料10）有識者会議参考資料」『新しい時代の特別支援教育の在り方

に関する有識者会議　報告』新しい時代の特別支援教育の在り方に関する有識者会議（2021）Retrieved October 25 2024 from https://www.mext.go.jp/content/20210412-mxt_tokubetu01-000012615_10.pdf

岡島純子「神経発達障害（ADHD,ASD,LD）― 個性は天からの授かり物」岡島義・金井嘉宏（編）『使う使える 臨床心理学』弘文堂 2020 pp.64-82.

Ollendick, T. H. & Ishikawa, S.「Interpersonal and social factors in the treatment of child and adolescent anxiety disorders」In C. A. Essau & T. H. Ollendick (Eds.)『The Wiley-Blackwell handbook of the treatment of childhood and adolescent anxiety』Wiley Blackwell 2013 117-139.

笹川智子「子どもの不安への支援」日本認知・行動療法学会（編）『認知行動療法事典』丸善出版 2019 pp.406-407.

佐藤寛・今城知子・戸ヶ崎泰子・石川信一・佐藤容子・佐藤正二「児童の抑うつ症状に対する学級規模の認知行動療法プログラムの有効性」『教育心理学』日本教育心理学会 57 (2009) pp.111-123.

佐藤寛・下津咲絵・石川信一「一般中学生におけるうつ病の有病率：半構造化面接法を用いた実態調査」『精神医学』医学書院 50 2008 pp.439-448.

子安増生・丹野義彦・箱田裕司（監修）『有斐閣 現代心理学辞典』有斐閣 2021

髙橋長秀「小児期のうつ病・うつ状態」『現代医学』愛知県医師会 69(2)(2022)pp.13-17.

富田望「第11章 不安症」相馬花恵・坂口典弘（編）『ステップアップ心理学シリーズ 臨床心理学 理論と実践をつなぐ』講談社サイエンティフィク 2024 pp.190-201.

山中寛「ストレスマネジメント教育の概要」山中寛・冨永良喜（編）『動作とイメージによるストレスマネジメント教育 基礎編 子どもの生きる力と教師の自信回復のために』北大路書房 2000

吉益光一・山下洋・清原千賀子・宮下和久「注意欠陥多動性障害の疫学，治療と予防」『日本公衛誌』53(6)(2006) pp.398-410.

Weersing, V. R., Jeffreys, M., Do, M. C. T., Schwartz, K. T., & Bolano, C.「Evidence base update of psychosocial treatments for child and adolescent depression.」『Journal of Clinical Child & Adolescent Psychology』46(1)(2017) 11-43.

Zaichkowsky, L. B., Zaichkowsky, L. D., & Yeager, J.「Biofeedback-assisted relaxation training in the elementary classroom.」『Elementary School Guidance & Counseling』20(4)(1986) 261-267.

第8章 教授法と教育評価

1. 教授法

(1) 教授法と学習指導要領

　教授法とは、児童・生徒に対して、教育の目的を達成するための系統的教授方法と定義される。社会の変化とともに、教育の目的はアップデートされ、変化に対応する形でさまざまな教授法が開発されてきた。「教育の目的」を表す大きな指針としては、「学習指導要領」が挙げられる。2017（平成29）～2019（平成31）年に学習指導要領が改訂され、小学校では2020（令和2）年度から、中学校では2021（令和3）年度から全面実施され、高等学校では2022（令和4）年度から年次進行で実施された。新学習指導要領では、「社会に開かれた教育課程」を目指し、「主体的・対話的で深い学び（アクティブラーニング）」の実現に向けた授業改善や「カリキュラム・マネジメント」の確立を図っていくことなどを示している。なお、アクティブラーニングが行政文書に必要な学習形態として規範的に取り扱われるようになった背景には、社会の急速かつ大きな変化に伴い、生涯にわたって学び続ける力、主体的に考える力が必要になったことが挙げられる（中央教育審議会，2012）。

　さらに、中央教育審議会は、「教育課程部会における審議のまとめ」（2021）と「『令和の日本型学校教育』の構築を目指して～全ての子供たちの可能性を引き出す、個別最適な学びと、協働的な学びの実現～（答申）」（2021）を取りまとめた。この答申では、学習指導要領において示された資質・能力の育成を着実に進めるためには、ICTも最大限活用しながら、多様な子どもたちを誰一人取り残すことなく育成する「個別最適な学び」と、子どもたちの多様な個

性を最大限に生かす「協働的な学び」を充実させることが求められている。

なお、「アクティブラーニング」という用語は、もともとは学術用語ではないためさまざまな用いられ方をしており、能動的な学習そのものを指す場合と、それを実現するための教育方法を表す場合がある（山内, 2018）。また、山内（2008）は、「歴史的に見ると、近代型の学校が生み出した『講義型授業』という教育方針に対して、学習者がより能動的に関与できる教育方法を模索する実践活動の標語であった」と指摘している。そして、先行研究を概観した上で、「読解・議論・作文などの活動において、分析・統合・評価といった高次思考過程への関与によって、聴講と比較して積極的に参加する学習」と定義している。

本節では、「令和の日本型学校教育」において重視される「個別最適な学び」と「協働的な学び」を実現するために、どのような教授法を活用できる可能性があるのか、近年の研究成果もふまえて概説する。

(2) 個に応じた指導
1) ティーチング・マシンを用いたプログラム学習

プログラム学習とは、オペラント条件づけ（第3章1-(5)を参照）の研究から得た知見をもとに、①問題を与えて回答させたのち正解を即時にフィードバックする点、②カリキュラムを系統的に小さなステップに分けて、そのステップを完全に学習したら次というように段階的に学んでいく点を重視した方法である（大芦, 2022）。教師が児童生徒の取り組みに対してほめたり承認したりすることは、正の強化子として働き得るが、一斉授業では、即時フィードバックが難しい場合が多い。また、習熟度別のクラス編成や科目選択の弾力化の工夫はできるものの、一斉授業では、自分にあったペースやスモールステップを取り入れることには限界がある。そこで、近年推進されているICT教育において、タブレット型PCをクイズやゲーム形式で解答するティーチング・マシンとして活用することで、児童生徒は自分の習熟度に合わせて、自分のペースで確実に学習することが期待できる。

2）適性処遇交互作用

　学習者の特徴によってどのような教育方法が効果的であるかが異なるという現象を「適性処遇交互作用（ATI = Aptitude-Treatment Interaction）」という（Cronbach, 1957）。適性とは、学習者の属性であり、学力や既有知識、性格、態度、興味、関心、学習スタイル、認知スタイルなどを指す。処遇とは、教育方法のことであり、指導方法、課題、関わり方、カリキュラム、学習環境などを指す。3つ目の交互作用とは、この適性と処遇が相互に複雑に影響し合い、ある場合には相乗的効果をもたらし、ある場合には相殺的効果をもたらすという現象を意味する（石井，2022）。

　たとえば、安藤他（1992）は、英語学習経験が少ない小学5年生90名を2つの異なる英語教授法群（コミュニケーション重視のアプローチと文法的アプローチ）に割り当て、10日間合計20時間の英語指導を実施した。その結果、知能について適性処遇交互作用が示され、コミュニケーション重視のアプローチは適性の低い児童に対して補助的に働き、文法的アプローチは適性の高い児童に対してより効果的であることが示された。このようなATI研究を通して、適性と処遇の交互作用の教育効果を予測し、効果が最大になるような教授法を探っていくことが期待される。一方で、教育現場においては、教師が自分の力を発揮できるように児童生徒を変えていく側面や、児童生徒が教師の指導方針に合わせて変わっていく側面もある。そのため、指導法を臨機応変に変え、教師が児童生徒の適性を固定的に見ないことも重要な視点として指摘されている（大野木，2022）。

3）学びのユニバーサルデザイン

　学びのユニバーサルデザインでは、「すべての学習者」、すなわち身体上のハンディキャップの有無、知的能力や使用言語、家庭環境、学習スタイル等々の違いに関わらず、学ぼうとしているすべての人びとにその個別状況に応じたカリキュラムを提供しようとしている（川上他，2015）。さまざまなハンディを持った子どもも含め、どの子にもわかりやすい授業をデザインすることは、特別支援を要する子どもだけではなく、通常学級においてハンディを持たない子どもの理解をも深める機会を与えることになる（秋田・坂本，2015）。桂

(2011, 2012) は、学びのユニバーサルデザインとして、①授業を焦点化（シンプルに）する、②授業を視覚化（ビジュアルに）する、③授業で共有化（シェア）する（話し合い活動をスモールステップで組織する）の3点を挙げている。また、花熊（2011）は、①子どもたちにとって妨害刺激の少ない教室環境を整備する、②見通しがもてる授業を行う、③学習場面や学校生活場面のルールを明示する、④子どもの認知特性に合わせた複数の授業方法や教材を用意するといった点を挙げている。

4) ティーム・ティーチング

ティーム・ティーチングとは、教師側がティームを組んで教える授業形態のことを指す。学年ティームでは、同一学年で組まれたティームであるが、多くの場合、もう1人の加配教員が支援に入る。教科ティームは、同一教科でティームを組む場合である（大野木，2022）。ティーム・ティーチングを行う教師は、図8-1のような活動に協力することが求められる（加藤，1996）。個に応じたきめ細やかな支援を実現するためには、1人の教師の負担が大きくなりすぎないような現実的なサポート体制が必要である。ティーム・ティーチングは、個別性を重視した教授法としても有用であるだけでなく、個に応じた指導の実現可能性を高める上でも意義があるといえる。

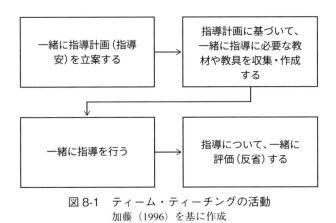

図8-1　ティーム・ティーチングの活動
加藤（1996）を基に作成

(3) 協働的な学び

1) 協働学習

　協働学習は、「同じ目標の達成のためにともに活動すること」であり、「学習者はグループメンバーが一緒に活動したときこそ自分の目標が達成できることを学ぶ」と定義される（Johnson & Johnson, 1989）。協働学習は、誰かと一緒に学ぶということであるが、それは、学習効果において1+1が2という単純な加算になるのではなく、3にも4にもなっていくという相乗効果をもたらす学習である（秋田・坂本，2015）。協働学習でとくに大事なのは、発言することではなく聞くことであり（一柳，2012）、他者の発言を聞き、自分の考えとすり合わせることで、考えが深まっていくという学習過程が基本となる（秋田・坂本，2015）。

　秋田（2007）は、習熟度の低い学習者は、習熟度の高い学習者との相互行為を通じてメタ認知的方略への気づきと使用が促進され、習熟度の高い学習者は、仲間との相互行為によって思考の多様性に気づき、自己を振り返ることが促進されると述べている。また、小学校3から6年生を対象に、学級状態をふまえた上でICTを活用した協働学習を行った結果、かたさ型（落ち着いているが学習意欲に差がある）、ゆるみ型（にぎやかであるが学級のルールが低下している）の学級状態にあった8学級中5学級が親和型に変容し、4学級において学習意欲の向上が示された（齋藤，2022）。さらに、クラウドを基盤とした協働学習（Cloud-Based Collaborative Learning）も報告されており、答えが1つに決まりにくい問題解決を支援する手段として協働学習が有効であることがシステマティックレビューによって示唆されている（村上他，2022）。

　協働学習を促す代表的な方法としては、バズ学習、ジグソー学習が挙げられる。まず、バズ学習とは、学級の中を複数の少人数グループに分けて、小集団で討議による問題解決を行わせる学習指導法である。集団討議では参加人数が多くなるほど自由な発言が疎外されたり、実質的に参加しない者が出てきたりすることがあるが、そのような欠点を補うためにバズ学習は広く採用されている（藤澤，2022）。一般的なバズ学習は、課題提示、個人学習、バズセッション、全体学習、教師のまとめといった流れとなる（藤澤，2022）。バズ学習を

奏功させるためには、相手のやっていることや考えていることが、外から見えやすいかたちに外化させることがコツになる。頭の中で考えている状況にとどめず、アイデアを積極的に図や表で表現し、相手に見えやすいように工夫することが重要になる（植木，2006）。

ジグソー学習（知識構成型ジグソー）とは、ジグソーパズルのように、学習者一人ずつ異なったことを調べさせ、それを持ち寄らせることで全体の問題を解決させようとする方法であり、学習者同士の学び合いが起こりやすいようにしている。秋山・坂本（2015）によると、ジグソー学習では二段階のグループ活動が行われる。最初はエキスパート活動であり、各グループが割り当てられた（グループごとに異なる）資料や教材に取り組み、いわばその内容のエキスパートとなる。次のジグソー活動でグループを組み替え、各エキスパートグループから一人ずつ集まる。各自がエキスパートとなった内容を相互に説明し、3つの内容を統合して課題に取り組む。最後に、クロストークとよばれる教室全体の話し合いを行い、各グループの発表を他のグループが聞いて、それを上手く取り入れて他のグループが発表する。ジグソー学習を上手く進めるためには、身に付けてほしい知識、知識を身に付けるための問いを教師が明確にした上で、その知識の身に付け方は子どもによって多様、という状況にする必要がある（秋山・坂本，2015）。

2）相互教授法

相互教授法（Reciprocal Teaching：RT）は、生徒同士で教師役と生徒役を交代しながら、お互いに質問したり、教え合ったりすることにより、課題理解を深めていく方法である。読解の成績が遅れている子どもたちに、読解に関する方略（例：文章の内容を要約する）を相互教授法により訓練したところ、子どもたちの成績は訓練終了頃には平均レベルに達していた（Palincsar & Brown, 1984）。これまでは、国語科の読解の課題に適用した知見が中心であったことをふまえ、町・中谷（2014）は、RTを実際の教室でさまざまな教科に広く活用できる教授方略とするために、授業実践型相互教授法（Reciprocal Teaching in Classroom：RTC）を開発した。RTCは、RTが効果をもたらした「個人内思考の外化」「役割付与」「話し合いの手順の提示」を核

としている。町・中谷（2014）は、小学校5年生の算数科においてRTCを実施し、介入群は、対照群に比べて学習に関連する深い発話が多く、学習課題の達成度やグループ学習に対する肯定的認知が向上したことを報告している。また、適性と介入の交互作用を検討した結果、介入群において、向社会的目標の低い児童はグループ学習を肯定的にとらえるように変化した。

　町他（2022）は、小学校6年生の算数グループ学習で、RTCにおける達成目標の操作が児童の学習過程に及ぼす影響を検討した。その結果、熟達目標に焦点を当てることは、プロセス重視で協力的な学習体験をもたらし、遂行目標はグループディスカッションでの深い関与を妨げる可能性があることが示唆された。さらに、RTCに三者以上のグループ内において自分たちの学び合いを振り返らせる授業デザインを加えた群の方が、RTC単独群よりも、協力・配慮行動・援助要請・援助提供の活用に対する自己効力感が有意に高いことを示した（町，2022）。このように、授業実践型相互教授は、グループ学習において質の高い相互作用を生み出すことが示されており、その効果をさらに高めるような相互教授の形が検討され続けている。

2. 教育評価

(1) 教育評価とは

　教育評価とは、教育活動の実態を把握し、教育活動を改善するために行われる評価のことを指す。

　評価という言葉からは、教師が子どもの学習状況を評価する通知表を思い浮かべる人が多いかもしれない。しかしながら教育評価とは、教育に関わるあらゆるもの・人が評価の対象となり得る。そのため評価の対象は、学習者である子どもだけにとどまらず、教師や教育内容、学校の施設、行政システムまで非常に多岐に渡る（表8-1）。同様に、教育に関わるあらゆる人が評価者となり得るため、教師はもちろんのこと、子どもや保護者、第三者機関なども評価の主体となる。

　なお、教育評価の狭い意味として、児童・生徒が教育の目標にそってどの

表 8-1　教育評価の対象

```
①学習者個々人
②教育活動
③教育内容（カリキュラム）
④教師（教育指導者）
⑤学習者集団
⑥教師をも含めた学級（ホームルーム）
⑦教師集団
⑧学校全体のあり方
⑨基本的施設
⑩校地および校舎
⑪地域的環境
⑫教育施設の管理・運営
⑬教育行政システム
⑭社会全体における各種教育施設の位置づけと機
　能・役割
```

梶田（2010）を基に作成

程度学びを得ているかを評価する「学習評価」と同義で使われることもある。中央教育審議会（2019）では、新学習指導要領の下での学習評価のあり方について検討する中で、以下の3点について強調している。

　①児童生徒の学習改善につながるものにしていくこと

　②教師の指導改善につながるものにしていくこと

　③これまで慣行として行われてきたことでも、必要性・妥当性が認められないものは見直していくこと

　つまり、評価は子どもの学びと教師の指導の改善のために実施されるべきであること、またこれまでのやり方にとらわれずに最善の方法を検討し実施すべきであることが示されている。

　また、評価を指導に活かすことを考える際には「指導と評価の一体化」の重要性が強調されることが多い。「指導と評価の一体化」とは、評価は指導を改善するために行う、という教育評価の基本的な原則を示す言葉である。教育の成果を評価して終わるのではなく、評価をしたら評価結果をその後の指導に活かし、その指導の成果を改めて評価して、さらに指導に活かすという、指導と

評価の繰り返しを重視した考え方である。

(2) 教育評価の段階と評価方法

1) 評価の段階（診断的評価・形成的評価・総括的評価）

　教育評価を評価の時期（いつ評価するか）で分類すると、事前の評価を診断的評価、事中の評価を形成的評価、事後の評価を総括的評価として区別することができる（図8-2）。

　診断的評価は、学年、学期、単元が始まる前などに子どもの準備状況を確認する目的で行われる。診断的評価の結果をもとに、クラスやグループ分けをしたり、授業の構成を組み立てたり、到達目標を定めたりと、効果的な指導を行うために用いられる。

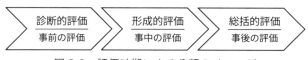

図8-2　評価時期による分類のイメージ

　形成的評価は、学期や単元の途中などで行われる小テストや授業内で教師が児童・生徒に問いかけて回答を求めることなどがあたる。児童・生徒がその時点で何ができるのか、何をどれほど理解しているのかについて情報を集め、指導に活かすために用いられる。教師は、形成的評価の結果を受けて、指導の計画や方法を変更したり、目標自体を修正したりすることもあり得る。フィードバックを受けることによって、子どもたちは自分の達成度や課題について知り、その後の取り組みについて考えることができる。

　総括的評価は、学年、学期、単元を通しての取り組みの成果について振り返る目的で行われる。学年末、学期末や、単元終了ごとに行われる成績評価や単位認定のためのテストなどがこれにあたる。児童・生徒は教育を通して自分の得た学びについて、教師は教育の効果や自分の指導について、振り返る目的で用いられる。

　なお、次の学年、学期、単元の指導に活かせるならば、総括的評価は形性

的評価にもなり得る。同じ評価でも実施のタイミングやその使い方によって、複数の意味合いを持つことがあることに注意が必要である。

2）評価の主体による分類（自己評価・他者評価・相互評価）

教育評価の方法を評価の主体（誰が評価するか）で分類すると、自分で自分を評価する方法を自己評価、他者に評価してもらう方法を他者評価、お互いに評価しあう方法を相互評価として区別することができる。

自己評価とは、自分自身の取り組みについて評価するもので、教師が自分の教育を評価することや学習者が自分の学習を評価することが該当する。自分自身のことを省察し、成長や課題を認めて次の学びに向かえる力は生涯にわたって求められる。自己評価は、他者評価や相互評価に比べて主観の影響を受けやすいという問題点はあるものの、基準を明確にすることで一定程度の客観性は保つことができる。

他者評価とは、他者による評価を指す。教師が学習者である子どもを評価することはもちろん、子どもが教師の教育を評価することや、第三者機関が学校のカリキュラムや施設を評価することも他者評価に該当する。

相互評価とは、同じ立場にある者同士で評価し合うもので、子ども同士がお互いの学習の取り組みを評価し合う、教師同士がお互いの教育の取り組みを評価し合うことなどが該当する。同じ立場の人から評価を受けると同時に自分自身も他者の評価をすることから、評価の主体と対象を同時に体験することになり、新たな視点獲得となる場合もある。

3）評価基準による分類（絶対評価・相対評価・個人内評価）

教育評価の方法を評価の基準（何を基準にして評価するか）で分類すると、絶対評価、相対評価、個人内評価に分類できる。

絶対評価は、予め設定されている基準への到達した程度によって評価する方法であり、目標準拠評価とよばれることもある。基準が曖昧な場合に評価者の主観に頼った評価になりがちであるという問題点はあるが、できる限り基準を明確にすることで客観性を一定程度は保つことができる。

相対評価とは、属する集団内での成績の位置について評価する方法であり、集団準拠評価とよばれることもある。若林（2021）によると、相対評価には

次の4つの問題点があることが指摘されている。①相対評価は必ずできない子がいるということを前提しているという点、②クラスの誰かの成績が下がらなければ自分の成績が上がらないという構造であるため、子どもたちの競争を常態化させ偏った学習観を生み出すという点、③集団における相対的な位置を示しても学力の実態を映し出しているわけではない点、④相対評価では教育活動を評価することはできないという点である。相対評価は、客観性を保ちやすいという長所はあるものの、あくまで他者と比較した場合の自分の立ち位置を示すという評価方法である。そのため、教育の本来の目的や、先に述べた「評価と指導の一体化」という考え方にはなじまないと考えられる。

　個人内評価は、他者と比較せずに自身の成長を評価する方法である。絶対評価や相対評価は、評価の基準が本人の外側にあるが、個人内評価は本人の基準に基づいて評価をする。過去と現在の自分自身を比較してその変化を評価するアプローチ（縦断的個人内評価）と、自分自身の中で得手不得手を比較するアプローチ（横断的個人内評価）がある。双方ともに、自分自身の課題や長所・短所に目を向けることができる。

　教育の現場に目を向けると、日本の学校には指導要録とよばれるものがある。指導要録はすべての学校で作成することが義務づけられており、子どもの学籍に関する情報や指導の状況を記録するものである。学籍に関する記録の部分は卒業後20年間、指導に関する記録の部分は卒業後5年間の保存が義務づけられている。指導要録はその後の指導や外部への証明に欠かせない原簿となるため、各学校における教育評価のあり方を考える上で重要な役割を担っていると言える。指導要録は国の定める学習指導要領に対応する形で作成されるため、2001（平成13）年の指導要録改訂において、それまで半世紀にわたって継続されてきた相対評価が廃止されたことは大きな転換である。この改訂では、今後の教育評価について「目標に準拠した評価を一層重視するとともに、児童生徒一人ひとりのよい点や可能性、進歩の状況などを評価するため、個人内評価を工夫することが重要である（教育課程審議会，2000）」とし、「目標に準拠した評価」と「個人内評価」を併せた形の評価の仕組みが導入されている。その後の改訂を経ても基本的な仕組みは継続しているが、2019（平成31）

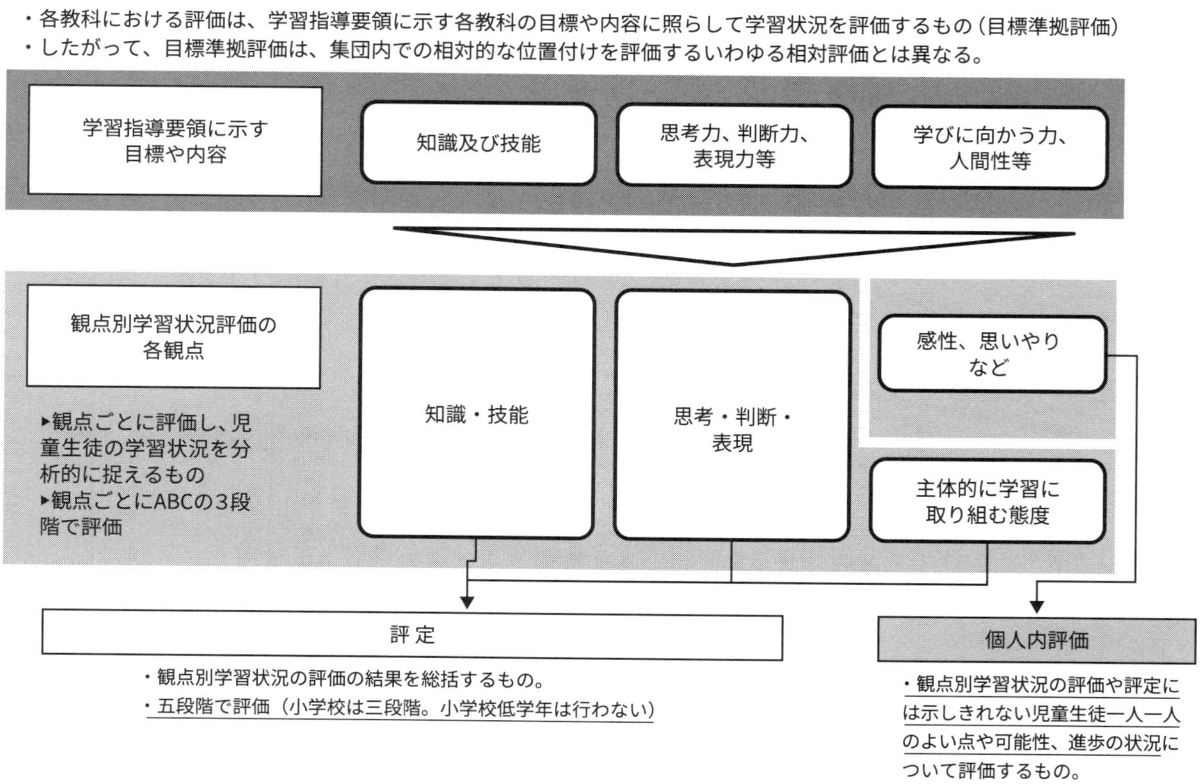

第 8 章　教授法と教育評価　133

- 各教科における評価は、学習指導要領に示す各教科の目標や内容に照らして学習状況を評価するもの（目標準拠評価）
- したがって、目標準拠評価は、集団内での相対的な位置付けを評価するいわゆる相対評価とは異なる。

| 学習指導要領に示す目標や内容 | 知識及び技能 | 思考力、判断力、表現力等 | 学びに向かう力、人間性等 |

| 観点別学習状況評価の各観点 | 知識・技能 | 思考・判断・表現 | 感性、思いやりなど |
| | | | 主体的に学習に取り組む態度 |

▶観点ごとに評価し、児童生徒の学習状況を分析的に捉えるもの
▶観点ごとにABCの3段階で評価

個人内評価
- 観点別学習状況の評価や評定には示しきれない児童生徒一人一人のよい点や可能性、進歩の状況について評価するもの。

評定
- 観点別学習状況の評価の結果を総括するもの。
- 五段階で評価（小学校は三段階。小学校低学年は行わない）

図 8-3　各教科における評価の基本構造
（中央教育審議会、2019）

年の指導要録改訂で示された評価の構造（中央教育審議会，2019）では、「目標に準拠した評価」になじまないものとして、「感性、おもいやりなど」が挙げられ、「個人内評価」で表記をすることが明記されている（図8-3）。感性やおもいやりなどのように客観的にはとらえづらいものについても、一人ひとりの児童・生徒の変化に目を向け、支えていくことの重要性が明示されたと言える。

(3) オーセンティック評価（真正の評価）

　従来、教育や学習の効果を評価する方法として、ペーパーテストや実技テストなどを用いることが多かった。しかしながら、とくに標準化されたテストについては、子どもたちが身に着けた力を本当の意味で測れていないのではないか、良い成績をおさめてもその後生きていく上で必要な力にはつながらないのではないかという批判が生じることがあった。近年の教育では、実生活で使う力を養うことが重視されるようになったこともあり、評価もさまざまな方法が用いられるようになっている。西岡（2022）は評価の方法を「筆記－実演」「単純－複雑」という2つの軸でとらえて整理している（図8-4）。

　なお、実生活で使う力を身につけたことを評価する考え方をオーセン

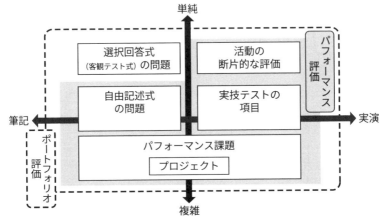

図 8-4　評価方法の分類
西岡（2022）を一部改変

ティック評価（真正の評価）とよぶ。標準テストへの批判を背景に登場したオーセンティック評価の具体例として、パフォーマンス評価について以下に紹介する。

　パフォーマンス評価とは、知識やスキルを使いこなす（活用・応用・統合する）ことを求めるような評価方法（文部科学省, 2014）のことである。つまり、パフォーマンス課題を課し、完成した作品（レポートや展示物）や、実演（問題の解決や実験の実施）、発表（スピーチやプレゼンテーション）やその組み合わせなどによって評価する方法を指す。従来の評価においては、結果の部分のみに注目し、そこに至るまでのプロセスには十分に目を向けられないことが多々あるが、パフォーマンス評価ではそういった問題を部分的に補うことが可能になる。評価の基準としては、生徒のパフォーマンスを段階的に評価することができるように、事前にパフォーマンスのレベルごとの特徴を記述したルー

項目＼基準	よくできました A	もう少し B	もっと頑張ろう！ C
声量	教室全体に声が届いており、最初から最後まで、内容がよく聞き取れる。	教室全体に声が届いているが、時々、内容が聞き取れないことがある。	発表全体を通して、教室全体に声が届かず、教室の端では内容がよく聞き取れない。
話す速さ	説明するスピードは適切で、聞き取りやすい。	説明するスピードは、おおむね適切だったが、一部、聞き取りにくいところがあった。	説明するスピードは、遅すぎるか、速すぎるかのどちらかであり、すべて聞き取りにくい。
構成	わかりやすい順序で内容が構成されている。	内容の構成順序に、若干の改善の余地がある。	内容の構成順序に一貫性がなく、バラバラである。
要点	聞き手が理解しやすく、重要な点も強調されている。	聞き手が理解しにくい部分がところどころある。重要な点もやや不明瞭である。	重要な点がどこなのかわからない。

図8-5　発表評価のルーブリックの例
関田他（2016）を基に作成

136　第二部　応用的領域 ── 臨床発達心理学

> 平成13（2001）年以降の変化
> 相対評価から目標に準拠した評価へ
> ・「目標」について「キジュン」を考える
> 　単元でのおおまかなねらい＝規準（criterion）
> 　実際に評価するための手続き＝基準（standard）
> ⇓
> ・基準を観点別に行動レベルで質的・段階的に記述したもの
> 　＝ルーブリック

図 8-6　「キジュン」や「ルーブリック」の概念図
山口（2013）を一部改変

ブリック（図 8-5）を作成して、それを用いることが多い。ルーブリックでは、何を評価するか（規準）と、どのように評価するか（基準）を明確にすることが重要になる（図 8-6）。ルーブリックの内容を事前に子どもにも共有することができれば、子どもも評価基準を意識して自身の活動を振り返ることが可能となり、主体的な学びにつながることも期待できる。

　さまざまな情報を集めて多面的に評価しようとする方法として、ポートフォリオ評価が挙げられる。ポートフォリオとは書類などをひとまとめにするファイルやカバンを指す言葉である。ポートフォリオ評価とは、子どもがこれまで取り組んだ課題や作品、記録、それらに対するコメントなどをファイルなどに集め、確認できるようにした上で、子どもの学びを確認する方法を指す。作成したポートフォリオについては、子どもと教師、場合によっては保護者が一緒に確認しながら、その後の目標設定について話し合うという活用の仕方もできる。何をポートフォリオに収めるかにもよるが、ポートフォリオ評価は、多面的な評価や、子ども自身が自分を振り返る力を養うことにもつながると考えられている。

　評価者は、評価の目的や何を測るかを明確にした上でそれに対応する評価の方法を選択し、場合によっては複数の評価方法を組み合わせることで適切に評価することができる。なお、「パフォーマンス評価」「ルーブリック」「ポートフォリオ評価」については、評価負担が大きいケースもあり、教員に高い評価能力が求められることや、事実的知識や個別のスキルの評価には適さない場合もあるため留意が必要である（文部科学省，2014）。

【引用文献】

秋田喜代美（編）『授業研究と談話分析（改訂版）』放送大学教育振興会 2007

秋田喜代美・坂本篤史『心理学入門コース 3 学校教育と学習の心理学』岩波書店 2015

安藤寿康・福永信義・倉八順子・須藤毅・中野隆司・鹿毛雅治「英語教授法の比較研究 ── コミュニカティヴ・アプローチと文法的・アプローチ ── 」『教育心理学研究』日本教育心理学会 40(3) (1992) pp.247-256.

Cronbach, L. J.「The two disciplines of scientific psychology」『*American Psychologist*』American Psychological Association 12(11) (1957) 671-684.

中央教育審議会『新たな未来を築くための大学教育の質的転換に向けて〜生涯学び続け、主体的に考える力を育成する大学へ〜（答申）』文部科学省 (2012) Retrieved October 26 2024 from https://www.mext.go.jp/b_menu/shingi/chukyo/chukyo0/toushin/1325047.htm

中央教育審議会『「令和の日本型学校教育」の構築を目指して〜全ての子供たちの可能性を引き出す，個別最適な学びと，協働的な学びの実現〜（答申）』文部科学省 (2021) Retrieved October 26 2024 from https://www.mext.go.jp/content/20210126-mxt_syoto02-000012321_2-4.pdf

中央教育審議会 初等中等教育分科会 教育課程部会『児童生徒の学習の在り方について（報告）』文部科学省 (2019) Retrieved October 18 2024 from https://www.mext.go.jp/component/b_menu/shingi/toushin/__icsFiles/afieldfile/2019/04/17/1415602_1_1_1.pdf

中央教育審議会 初等中等教育分科会 教育課程部会『教育課程部会における審議のまとめ』文部科学省 (2021) Retrieved October 26 2024 from https://www.mext.go.jp/content/20210126-mxt_kyoiku01-000012344_1.pdf

藤澤伸介「協働学習：助け合いで学ぶ」中澤潤（編）『やわらかアカデミズム（わかる）シリーズ よくわかる教育心理学 第 2 版』ミネルヴァ書房 2022 pp.104-105.

一柳智紀『授業における児童の聴くという行為に関する研究 ── バフチンの対話論に基づく検討』風間書房 2012

石井英里子「児童生徒の個に応じた指導力 ── 適性処遇交互作用研究からの小中学校外国語教育への示唆 ── 」『研究年報』鹿児島県立短期大学 地域研究所 54 (2023) pp.93-109.

Johnson, D. W., & Johnson, R. T.『*Cooperation and competition: Theory and research*』Interaction Book Company 1989

梶田叡一『教育評価 第 2 版補訂第 2 版』有斐閣双書 2010 pp. 6-11.

加藤幸次『ティーム・ティーチング入門』国土社 1996

桂聖『国語授業のユニバーサルデザイン ── 全員が楽しく『わかる・できる』国語授業づくり ── 』東洋館出版社 2011

桂聖「国語授業のユニバーサルデザインの考え方と進め方」桂聖・廣瀬由美子（編著）『授業のユニバーサルデザインを目指す　国語授業の全時間指導ガイド 1 年 ── 特別支援教育の

視点をふまえた国語授業づくり ─』東洋館出版社 2012 pp.8-19.
川上綾子・石橋恵美・江川克弘・益子典文「『学びのユニバーサルデザイン』の枠組みを援用した授業設計とその効果」『鳴門教育大学学校教育研究紀要』鳴門教育大学 29 (2015) pp.151-159.
教育課程審議会『児童生徒の学習と教育課程の実施状況の評価の在り方について（答申）』国立教育政策研究所 (2000) Retrieved October 18 2024 from https://www.nier.go.jp/kaihatsu/houkoku/tousin.pdf
花熊暁（編）『小学校 ユニバーサルデザインの授業づくり・学級づくり』明治図書 2011
町岳「社会的に共有された学習調整の視点による振り返りが授業実践型相互教授によるグループ学習に及ぼす効果」『日本教育工学会論文誌』日本教育工学会 46(2022) pp.121-124.
町岳・中谷素之「算数グループ学習における相互教授法の介入効果とそのプロセス ─ 向社会的目標との交互作用の検討 ─ 」『教育心理学研究』日本教育心理学会 62 (2014) pp.322-335.
町岳・橘春菜・中谷素之「授業実践型相互教授介入における達成目標の効果：小学6年生の算数グループ学習過程の検討」『発達心理学研究』日本発達心理学会 33(4)(2022) pp.407-418.
村上唯斗・登本洋子・高橋純「クラウド活用を基盤とした協働学習に関するシステマティックレビュー」『日本教育工学会研究報告集』日本教育工学会 2 (2022) pp.162-168.
文部科学省『育成すべき資質・能力を踏まえた教育目標・内容と評価の在り方に関する検討会 − 論点整理 − 』文部科学省 (2014) Retrieved October 18 2024 from https://www.mext.go.jp/component/b_menu/shingi/toushin/__icsFiles/afieldfile/2014/07/22/1346335_02.pdf
西岡加名恵「実践力を育成するパフォーマンス評価」『医学教育』日本医学教育学会 53(3)(2022) pp.249-254.
大芦治「プログラム学習：個に応じたステップ学習」中澤潤（編）『やわらかアカデミズム（わかる）シリーズ よくわかる教育心理学 第2版』ミネルヴァ書房 2022 pp.110-111.
大野木裕明「適性処遇交互作用：個人の特性に応じた考え方」中澤潤（編）『やわらかアカデミズム（わかる）シリーズ よくわかる教育心理学 第2版』ミネルヴァ書房 2022 pp.116-119.
Palincsar, A. S., & Brown, A. L.「Reciprocal teaching of comprehension-fostering and comprehension-monitoring activities.」『Cognition and Instruction』Taylor & Francis, Ltd. 1(2) (1984) 117-175.
齊藤勝「小学校における協働学習推進に関する一考察 学級状態に応じたICTを活用した授業改善の検討」『日本教育心理学会第64回総会発表論文集』日本教育心理学会 2022
関田一彦・渡辺貴裕・仲道雅輝『教育評価との付き合い方−これからの教師のために』さくら社 2016 pp.31-58.
植木理恵「教育の方法」鹿毛雅治（編）『朝倉心理学講座8 教育心理学』朝倉書店 2006

pp.155-172.
若林身歌「相対評価」田中耕司（編）『よくわかる教育評価』ミネルヴァ書房 2021 pp.18-19.
山口陽弘「ルーブリック作成のヒント―パフォーマンス評価とポートフォリオ評価」佐藤浩一（編）『学習の支援と教育評価―理論と実践の協同―』北大路書房 2013 pp.172-201.
山内祐平「教育工学とアクティブラーニング」『日本教育工学会論文誌』日本教育工学会 42(3) (2018) pp.191-200.

第9章 学級集団

1. 学級集団とは

　日本の教育現場では、学級（クラス）という集団を単位として日々の活動を展開することは少なくない。学級のように制度や組織の中で設定されている集団を公式集団（フォーマル・グループ）とよぶ。一方で、仲良しグループのように、その集団を構成するメンバー（成員）同士が自発的に形成している集団を非公式集団（インフォーマル・グループ）とよぶ。学級集団自体は公式集団であるが、学級集団内には多くの非公式集団が存在している。学級集団の成立や運営について以下に紹介する。

(1) 学級集団の状態
　1) 学級集団の発達過程
　学級集団の発達プロセスについて、蘭（1993）は3段階（①学級形成期②学級安定期・変革期③学級定着期）に分けて示している（図9-1）。
　「①学級形成期」では、教師が主導して学級集団のイメージを皆で共有することが課題である。具体的には、生活ルールや対人関係の基本ルールの理解と確立や仲間づくりの推進、学級目標への合意形成とその役割行動の決定による組織づくりが行われる。
　続く「②学級安定期・変革期」では、子どもによる積極的な学級活動が展開され、学級集団が自立することが課題となる。子ども主導で学級目標を決めて実行するなどして学級規範が確立され、学級がまとまりを見せる時期となる。教師は、安定した状況下で、子どもたちに学校行事等に関する学級目標の決

定やその実行および評価を繰り返し行わせることを通して、主導権を教師から子どもへと渡していく。また教師が、子どもからの評価を受容し自己変革の態度を持つことで、教師自身の成長へつながる。

最後の「③学級定着期」では、学級解散に向けた子どもの自立性の確立が課題であり、教師は子どもや学級が決めたことについて指導するというよりも援助することが主な役割となる。学級に対しては学級の存在意義と有効性の確認を行わせ、子ども個人には、クラスの一人としての役割や存在を自覚させる。教師も子どもも対等な立場で

①学級形成期
（教師主導期）

②学級安定期・変革期
（教師から生徒主導移行・委譲期）

③学級定着期
（生徒主導・教師相談役）

図9-1　学級集団の発達過程モデル
蘭（1993）より作成

会話できる状況を作ることによってお互いを客観的に認知することができ、子どもが自立していく素地ができる。

このモデルでは、教師も子どもも学級経験を通して成長すること、学級は教師の関わり方によって固有の発達過程があることを示している。教師は学級の状況を見極め、段階にあわせて子どもたちの自立を支えられるよう適切に関わることが求められる。

2）学級集団の状態と教育効果

河村他（2008）は、学級集団の状態は教育効果を左右するとし、学級集団を4つのレベルに分類した。「①第1レベル：安全が守られ安心して生活・活動できると思える状態」は、これが満たされないと教室に入ることさえ不安を覚え、授業にも集中できないとし、いわば学級集団として成り立つために最低限必要な条件を満たしている段階である。「②第2レベル：学級集団での生活や活動が安定していると思える状態」は、級友同士で仲良く生活・活動できることで、この学級集団に所属したい、皆と同じようにいろいろなことに取り組

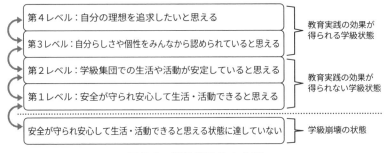

図 9-2　学級集団の 4 分類
河村他（2008）より作成

みたいと思える段階である。「③第 3 レベル：自分らしさや個性をみんなから認められていると思える状態」は、授業やさまざまな活動に取り組む意欲が高まる段階である。「④第 4 レベル：自分の理想を追求したいと思える状態」は、他者からの承認の有無に寄らず、納得できることに自ら取り組んでいこうとする段階である。レベルを十分に満たすと、集団として次のレベルに成熟し、満たしきれなくなると前のレベルに退行すると考え、学級崩壊は第 1 レベルに達していない学級状態であるとした。また、教育実践の効果が得られるのは第 3、第 4 レベルの学級状態であることが必要であると主張している（図 9-2）。

(2) 学級運営

1) 目標構造

子どもに共通の目標を設定することは、子ども同士の関係性に影響する場合があることにも留意が必要である。お互いに力を合わせて目標に向かう場合は協力関係になるが、全員が達成できないような目標の場合は競争関係になる可能性がある。

大谷他（2016）は、クラスで思いやり行動を促すような向社会的な目標が共有されていると児童が感じている場合には、クラスの友人と認め合い、助け合いながら学習を行うことを示している。またその結果、相互学習が円滑に進み、課題に興味が持てたり、教え・教えられることで効力感が高まったりする可能性のあることを指摘している。

また山本他（2021）は、向社会的な目標を児童・生徒が認知していると自発的な向社会的行動（親切な行動）が促進されること、規律を守るという目標を児童・生徒が認知していると外発的な向社会的行動が促進されることが示された。

教育現場において、学級で目標を立てることはよくなされているが、目標の内容はもちろんのこと、その目標を子どもがどの程度認識しているかということも重要である。クラスでの目標の共有方法や目標達成の促し方にも工夫が必要であろう。

2）クラスサイズ（学級規模）

2021年3月に義務教育標準法の改正法案が成立し、小学校のクラスサイズ（学級規模）の上限人数が40人から35人へ引き下げられることとなった。教師一人あたりの子どもの数が少なくなることによって、教員が子どもと接する時間を多く確保できる、教員が子ども一人ひとりの状況を把握しやすいなど、よりきめ細やかな指導が可能になると考えられ、高い教育効果が期待されるところである。学級規模と学力の関連については、ある時点で同程度の学力だった児童で比較すると大規模学級に在籍した児童と比較して小規模学級に在籍した児童のほうがその後の学力が高い傾向にあることを山森（2016）は示している。しかしながら、先行研究において学級規模と学力との関係については必ずしも一貫した結果が得られているとは言い難く、学級規模と学習効果の関係はそれほど単純ではないと言える。学年や科目による違いや、学級規模の大小による教師の指導や子どもの学習行動の違いなど学級規模に付随するさまざまな要因の影響についても検討が待たれる。なお、学級で育まれることが期待されるのは学力だけではない。教師と子どもの関係性や子どもたち同士の関係性等への影響も注意深く見守りながら必要な働きかけをすることが求められる。

(3) 他者の存在がもたらす影響

1）社会的手抜き

教育場面において子どもにグループでの作業を求める機会は少なくないが、その際に特定の子どものみが積極的に作業に励み、それ以外の子どもはあまり

貢献しない・作業に加わらないということがある。このように、他者がいることによって作業への貢献度や努力などが減少することを社会的手抜きとよぶ。ラタネ（Latane, B.）の行った一連の研究では、集団成員間の責任の所在や貢献度が曖昧になることによって社会的手抜きが生じやすいことを示している。子どもたちがグループでの作業を進める際に社会的手抜きを防ぐためには、それぞれの子どもに目を配り、各自の責任を明らかにする、努力や貢献度が示せるようにするなどの工夫をすることが有効であろう。

2）社会的促進と社会的抑制

人前に出ることが得意な子どももいれば苦手意識を持つ子どももいるが、子どもが人前で発表するような場合に、教師はどのような点に留意する必要があるだろうか。大勢の人の前で自分の意見を発表することが求められた際に普段以上の力を発揮できる場合がある一方で、大勢の人の前では普段のように力を発揮できない場合もあるように、他者がいることでパフォーマンスの成果が影響を受けることがある。他者の存在によって、一人で課題に取り組む時よりもパフォーマンスの結果が良くなることを社会的促進とよび、他者の存在がパフォーマンスを妨げることを社会的抑制とよぶ。一般に、課題が容易で十分に学習済みの場合は社会的促進が生じやすく、課題が難しい場合や習熟していない場合は社会的抑制が生じやすい。クラスでの発表などの機会には、他者の存在がもたらす影響について教師が気に留め、課題の難易度を易しく設定する、何度も練習して習熟度を上げるなどの工夫によって、子どもたちが十分に力を発揮し、自信を深めることにつながる可能性もある。

2. 友人関係の理解

(1) 仲間関係の発達

仲間関係は子どもの発達上の重要な環境の一つであるが、年齢や発達段階によって、その特徴は異なる。乳幼児期までは、保護者や家族との関係が安全基地となっていた子ども達であるが、児童期以降は友人との関係がそれに代わっていくようになる。岡村（1998）は、仲間関係の重要性として①保護者

からの自立に伴う喪失感の補償、②新たに同一化する価値の拠り所、③集団所属欲求に対して防衛的かつ適応的であること、の三点を挙げており、子ども達が保護者や家族のもとから精神的に自立するにあたって、仲間関係が大きな支えになっていることを示している。なお、児童期から青年期にかけての仲間関係は、ギャング・グループ、チャム・グループ、ピア・グループと発達していく（保坂・岡村，1986）と言われている。

　ギャング・グループとは、小学校の中学年・高学年頃に、同じ遊びをすることで結束するようになるような仲間集団のことである。同一行動をして群れるギャング・グループは同性で構成されるが、とくに男児が形成しやすい。大人を含めた他者の干渉を避けるという特徴があるため、ギャング・グループはネガティブなイメージを持たれることもあるが、仲間と過ごす中で集団内での役割やルールを守ることを学び、他者との協調性を身につけるなどの発達上重要な役割を担っているとされている。

　また、チャム・グループは小学校の高学年以降に見られる仲間集団である。チャム・グループは、内面的に似ている者同士が、互いの類似点を確認することで安心を感じ、時には仲間しかわからない言葉を用いるなどして関係性を保つ仲間集団であり、女児が形成しやすい。秘密や共通の話題を共有し親密な関係を築くがゆえに、異質なものを排除するという特徴もあり、時に同じであることを強いる同調圧力（ピア・プレッシャー）やいじめが生じることもあると言われている。

　高校生以降になると、それまでの同質性を重視した関係性から、異質性も認めて尊重しようとする関係性へと変化する。お互いの価値観や生き方が異なっていてもそれを理解し尊重し合う集団をピア・グループとよび、性別や年齢を超えた集団となり得る。

　保坂（2010）は仲間関係の発達の変化として、①ギャング・グループの消失、②チャム・グループの肥大化、③ピア・グループの遷延化（遅れ）を指摘している。①ギャング・グループの消失とは、昨今の子どもたちが塾や習い事などで忙しく、予定を合わせて遊べないことからグループが形成できないことを指している。時間的な制限のみならず、子どもたちが気ままに遊べる場所の

減少等もまた子どもたちが群れて遊ぶということを難しくしていると言えるだろう。ギャング・グループの消失により、本来であればギャングエイジ（ギャング・グループを形成する時期）に期待される経験が十分ではないことも問題視されている。②チャム・グループの肥大化とは、ギャング・グループの消失に入れかわってチャム・グループへの移行が早まり、同質性を求めるつながりの段階にいる時期が長くなっていることを指す。また③ピア・グループの遷延化とは、昨今の子どもたちが他者との違いをはっきりと表現することができずにチャム・グループのような関わりや同質性の相互確認が高校生や大学生でも行われており、ピア・グループの形成が難しくなっていることを指している。子どもたちを取り巻く環境の大きな変化としては、対面でのやりとりのみならず、SNS上でのやりとりをはじめとして、仲間とのつながり方が多様になっていることも挙げられる。仲間関係やその発達については、社会状況も踏まえて丁寧にとらえていく必要がある。

(2) 友人関係の類型と発達的推移

　落合・佐藤（1996）は青年期の友人関係を説明する要因として「人とのかかわり方に関する姿勢」が浅いか深いかという次元と「自分がかかわろうとする相手の範囲」が広いか狭いかという次元を想定し、その組み合わせで友人関係を類型化し、どのように推移するかを検討した（図9-3）。類型化したパター

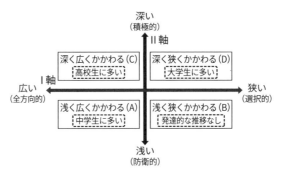

図9-3　青年期の友人関係の4類型と発達的推移
落合・佐藤（1996）を一部改変

ンとは、誰とでも同じように仲良くしようとしているが、自分の本音を出さずに友達とつきあう「A浅く広くかかわるつきあい方」、自分の本音は出さず限られた人とだけつきあおうとする「B浅く狭くかかわるつきあい方」、誰とでもつきあおうとし、誰からも好かれ愛されようとする「C深く広くかかわるつきあい方」、限られた相手と積極的にかかわり、わかり合おうとする「D深く狭くかかわるつきあい方」の4類型である。それぞれの友人関係のパターンにおける発達的な推移について検討したところ、中学生では「浅く広くかかわるつきあい方」が多いが、高校生の「深く広くかかわるつきあい方」を経由して、大学生では「深く狭くかかわるつきあい方」が多くなることが示された。

(3) 学級のアセスメント

教師は、学級集団の様子を注意深くとらえて、状況に応じて適切な関わりをすることが求められる。しかしながら、教師の視点からのみでは子どもたちの関係性や子どもが感じているクラスの雰囲気をとらえることが難しい場合もある。下記の測定方法は子ども同士の関係性や学級の構造の把握を目的に作成されたものである。これらは学級の構造を理解する手がかりとなり、効果的な働きかけや工夫を講じることには役立つが、子どもに与える影響について十分留意した上で実施について検討すべきである。また、こうした学級集団の構造に目を向ける際には、子どもたちの関係性は日常的に変化するものであり、一定ではないということを意識する必要がある。

1) ソシオメトリック・テスト

ソシオメトリック・テストは、モレノ（Moreno, J. L.）によって開発された方法で集団の構造を把握するためのものである。集団内で、「グループワークで一緒のグループになりたい人は誰ですか・また一緒になりたくない人は誰ですか」などと質問し、一緒になりたい人（選択）と一緒になりたくない人（排斥）について回答を求める。これによって皆から選ばれる子どもや皆から排斥される子ども、誰からも選ばれない子どもなどが明らかになり、子ども達のインフォーマルな関係性を把握しやすくなるという特徴がある。得られたデータをもとにそれぞれの関係性を集計表に示したものはソシオマトリクス、図にし

たものはソシオグラム（図9-4）とよばれ、とくに少人数の集団においては仲間関係を視覚的に理解することが可能となる。

2) ゲス・フー・テスト

ゲス・フー・テストは、ハーツホーンとメイ（Hartshorne, H. & May, A. M.）によって考案された検査で人物推定法ともよばれる。「最も親切な人は誰か」「授業中によく発言する人は誰か」など、

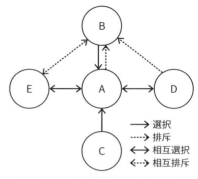

図9-4　ソシオグラムのイメージ

ある特性に関わる短文を示し、集団内で該当する友人の名前を挙げさせるという方法をとる。子どもから見た仲間の社会的な地位や役割についての評価を知ることができるという特徴がある。

3) 社会的距離尺度

社会的距離尺度は、ボガーダス（Bogardus, E. S.）によって考案された測定法である。クラスの子ども同士で互いに心理的距離を回答してもらう測定法である。クラス全員に対して「親友になりたい」「同じグループにいたい」「同じクラスにいたい」「同じ学年にいたい」「同じ学校にいたい」等の項目への評定を求め、成員同士の関係性を明らかにする。全員に対して回答を求めることで、ソシオメトリック・テストやゲス・フー・テストのように名前が挙がらない子どもがいるということはなく、クラスの子ども全員についてクラス内でどのような位置にいるのかを確認しやすいという特徴がある。

4) Q-U、hyper-QU

Q-Uは河村茂雄が考案した「Q-U　楽しい学校生活を送るためのアンケート」の略称で、学級満足度や学校生活意欲について回答を求める測定法である。hyper-QUは、そのQ-Uをもとにつくられた測定法「hyper-QU　よりよい学校生活と友達づくりのためのアンケート」の略称であり、Q-Uに含まれていた尺度に加えてあらたにソーシャルスキル尺度を加えた構成となっている。個人の不適応状態や意欲の低下をみると同時に、学級集団についても雰囲気につ

いても確認することができるという特徴がある。

5）学級風土質問紙

クラスがもつ性質や雰囲気のことを「学級風土」とよぶ。不登校などの子どもの問題の背景を探ると、学級風土をはじめとする環境の在り方が要因である例は珍しくない。その一方で、学級風土が変わることによって子どもが抱えていた問題が解消することもある。学校にいる時間の大半をクラスで過ごすことが多い日本の教育現場において、学級風土は子どもにとっても教師にとっても日々の生活を左右する大切な要因の一つである。

小学生用短縮版学級風土質問紙（表9-1）は、伊藤（2009）が作成したものである。小学生を対象に学級風土を測定し、子どもたちが認識する学級風土の傾向をクラス担任にフィードバックすることを通して、教師が学級への関わりを検討できるという活用例を示している。教師が、子どもの目線からみた学級環境を知ることで、自分の行った働きかけの効果について確認し、次なる工夫の検討へつなげることが期待できる。

表9-1　小学生用「学級風土質問紙」の構成と項目例

領域	尺度	項目例
関係性	学級活動への関与	クラスの活動に自分から進んで参加する
	学級内不和	クラスがバラバラになる雰囲気がある
	学級への満足感	このクラスが気に入っている
	自然な自己開示	自分達の気持ちを気軽に言い合える
個人発達と目標志向	学習への志向性	授業中よく集中している
組織の維持と変化	規律正しさ	掃除当番をきちんとする人が多い

伊藤（2009）より作成

3. 教師と子どもの関係

(1) 教師のリーダーシップ

　学級を導く立場として、教師のリーダーシップは重要である。リーダーシップに関して、三隅二不二はリーダーのもつ集団目標達成機能（P機能：Performance function）の強弱と集団維持機能（M機能：Maintenance function）の強弱からリーダーシップを4つに類型化するPM理論を唱えている（図9-5）。教師のリーダーシップにおけるP機能は、子どもの学習を促したり、課題解決を促したりする機能が当てはまる。またM機能は子どもに公平に向き合い、子どもの緊張解消に努める機能が当てはまる。PM、M、P、pmの4つのタイプのうち、P機能もM機能も高いPM型のリーダーシップスタイルの教師が子どもにとって望ましい影響を与えることが明らかになっている。

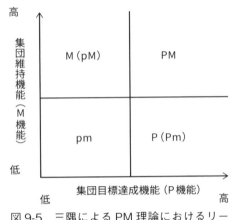

図9-5　三隅によるPM理論におけるリーダーシップ類型

(2) 教師のイラショナル・ビリーフ

　学級集団の在り方を考える際に、教師がどのような考えを持っているのか、ということも非常に重要である。さまざまな信念のうち「ねばならない」「べきである」という強迫的な考え方をイラショナル・ビリーフ（irrational belief）とよび、教師は特有のイラショナル・ビリーフを持つ場合があることが指摘されている。河村・田上（1997）は、思い通りに学級や子どもを統制しようとする考え方や、慣例や規則を重視する考え方は、教師特有のイラショナル・ビリーフであり、このような強迫性の高いビリーフを持つと、教師は子

どもの個性を伸ばすというよりも、自分の信念や教育方針に子どもを従わせようとする傾向があることを明らかにしている。その一方で、教師が強迫的なビリーフを修正することができれば、子どもを評価する基準や枠組みが広がり、個々の子どもにあった指導行動や態度で実践が可能となり、それがスクール・モラール（子どもの学校生活に対する意欲や適応の状態）の向上や不登校発生予防につながる可能性を示している。

　教師のイラショナル傾向の高さは、うつ状態や不安・不眠をはじめとする精神的健康度の低さとも関連があることも指摘されている（土井・橋口，2000）。教師は定期的に自身の教育実践に関する信念を省みる機会を作り、「ねばならない」「べきである」という強迫的なビリーフが認められる場合には、そのビリーフの必要性について改めて検討することが有効であろう。教育実践について定期的に振り返ること、また状況に応じたイラショナル・ビリーフの修正は、個々の子どもを尊重した教育実践や、教師自身の精神的健康にもつながると考えられる。

　また、河村・國分（1996）は、教師特有のビリーフは教師個人の属性と有意な関係は見られず、教師の教職経験のみと有意な関連があることを示した。イラショナル・ビリーフが教職経験によって形成されるのであれば、そのように至らせる仕組みを明らかにして、解消の方法について検討されるべきだと言えるだろう。

（3）教師期待効果（ピグマリオン効果）

　教師期待効果とは、教師が子どもに対して持つ期待が現実にかなう現象のことを指す。たとえば「この子は学業成績が伸びるだろう」と思いながら関わっていると、その期待が子どもに伝わり、学習行動に影響があり、実際に成績が向上すると考えられている。また、他者からの否定的な期待によって成績やパフォーマンスの結果に否定的な影響を与えることをゴーレム効果とよぶ。学年によって教師期待効果の影響は異なるとも言われているが、教師に期待されるということが子どもの動機づけへとつながる可能性を示していると言えるだろう。

(4) ハロー効果（光背効果・後光効果）

　他者について何らかの評価をする際に、評価者が対象者について望ましい（あるいは望ましくない）特徴を認めると、他のすべての側面についても同様の評価をする傾向のことを指す。評価者が気に留めやすい一部分の評価によって全体の評価が引きずられてしまうことになるため注意が必要である。

文献

土井一博・橋口英俊「中学校教師におけるイラショナル・ビリーフと精神的健康との関係」『健康心理学研究』13(1)(2000) pp.23-30.

保坂亨『いま、思春期を問い直す — グレーゾーンにたつ子どもたち』東京大学出版会 2010 pp.120-131.

保坂亨・岡村達也「キャンパス・エンカウンター・グループの発達的・治療的意義の検討 — ある事例を通して」『心理臨床学研究』4(1)(1986) pp.15-26.

伊藤亜矢子「小学生用短縮版学級風土質問紙の作成と活用」『コミュニティ心理学』12(2)(2009) pp.155-169.

河井茂雄・粕谷貴志・鹿嶋真弓・小野寺正己（編）『Q-U式学級づくり』図書文化 2008 pp.8-9.

河村茂雄・國分康孝「小学校における教師特有のビリーフについての調査研究」『カウンセリング研究』29(1996) pp.44-54.

河村茂雄・田上不二夫「教師の教育実践に関するビリーフの強迫性と児童のスクール・モラールとの関係」『教育心理学研究』45(1997) pp.213-291.

落合良行・佐藤有耕「青年期における友達とのつきあい方の発達的変化」『教育心理学研究』44(1)(1996) pp.55-65.

岡村達也「親からの精神的分離」古谷健治（編）『青年期カウンセリング入門 — 青年の危機と発達課題』川島書店 1998 pp.209-221.

大谷和大「学級における社会的目標構造と学習動機づけの関連 — 友人との相互学習を媒介したモデルの検討 — 」『教育心理学研究』64(2016) pp.477-491.

蘭千壽「発達段階別学級づくりの第一歩 — 教師も子どもも成長する学級づくりを」『児童心理』47(6)(1993) pp.12-19.

山森光陽「学級規模の大小による児童の過去の学力と後続の学力との関係の違い — 小学校第2学年国語を対象として — 」『教育心理学研究』64(2016) pp.445-455.

山本琢俊・河村茂雄・上淵寿「学級の社会的目標構造とクラスメイトへの自律的な向社会的行動との関連 — 小中学生の差異に着目して — 」『教育心理学』69(2021) pp.52-63.

第10章 矯正教育

　本章では、施設の中で非行少年の立ち直りを促し育てる、矯正教育について考える。この領域、すなわち、司法・犯罪領域は、学校教育をベースにした教育心理学の他の領域とは異なり、刑法や少年法、少年院法といった法律、さらには、刑事司法制度との関わりが多い。そのため、法律や制度の話が中心となってしまうが、章の後半では、こうした領域において心理学がどのように使われているかについても述べることとする。

　さて、そもそも「非行少年」とは誰のことを指すのだろうか。少年法第2条では以下の少年を非行少年と定めている。

①犯罪少年：（14歳以上20歳未満の）罪を犯した少年
②触法少年：14歳に満たないで刑罰法令に触れる行為をした少年
③ぐ犯少年：次に掲げる事由があって、その性格又は環境に照して、将来、罪を犯し、または刑罰法令に触れる行為をする虞（おそれ）のある少年
　　イ　保護者の正当な監督に服しない性癖のあること。
　　ロ　正当な理由がなく家庭に寄り付かないこと。
　　ハ　犯罪性のある人若しくは不道徳な人と交際し、又はいかがわしい場所に出入すること。
　　ニ　自己又は他人の徳性を害する行為をする性癖のあること。

　現在、民法においては18歳未満を未成年と定めているが、少年法では、20歳未満を少年と定め、また、性別にかかわらず少年と呼称しており、男女を分ける場合は、男子少年／女子少年とよんでいる。

　少年法の目的は、少年の健全な育成を期し、非行のある少年に対して性格の矯正及び環境の調整に関する保護処分を行うとともに、少年の刑事事件について特別の措置を講ずることにある（少年法第1条）。この保護処分において

154　第二部　応用的領域 ― 臨床発達心理学

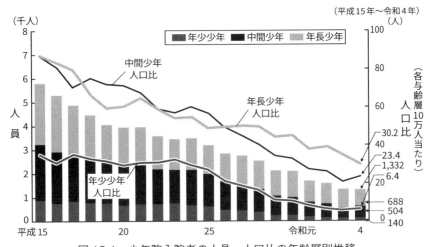

図10-1　少年院入院者の人員・人口比の年齢層別推移
(法務省法務総合研究所, 2024)

注1　年少少年は14・15歳、中間少年は16・17歳、年長少年は18・19歳の少年をそれぞれ指す

代表的な処分が、少年院送致となる。その他の保護処分としては、保護観察、児童自立支援施設または児童養護施設送致がある。

それではまず、少年院の種類とそこで行われている矯正教育課程について概観する（法務省法務総合研究所, 2024）。なお、図10-1は、少年院の入院者数と人口比の推移について示している。

1. 少年院の種類と矯正教育課程

少年院の目的やそこで行われる処遇については、少年院法において、次のように定められている。

(1) 少年院法

1) 少年院の目的（少年院法第1条）

この法律は、少年院の適正な管理運営を図るとともに、在院者の人権を尊重しつつ、その特性に応じた適切な矯正教育その他の在院者の健全な育成に資する処遇を行うことにより、在院者の改善更生及び円滑な社会復帰を図ることを目的とする。

2) 処遇の原則（少年院法第15条）

在院者の処遇は、その人権を尊重しつつ、明るく規則正しい環境の下で、その健全な心身の成長を図るとともに、その自覚に訴えて改善更生の意欲を喚起し、並びに自主、自律及び協同の精神を養うことに資するよう行うものとする。

在院者の処遇に当たっては、医学、心理学、教育学、社会学その他の専門的知識及び技術を活用するとともに、個々の在院者の性格、年齢、経歴、心身の状況及び発達の程度、非行の状況、家庭環境、交友関係その他の事情を踏まえ、その者の最善の利益を考慮して、その者に対する処遇がその特性に応じたものとなるようにしなければならない。

(2) 少年院の種類（少年院法第4条）

少年院の種類は、次の各号に掲げるとおりとし、それぞれ当該各号に定める者を収容するものとする。[1]

1) 第1種

保護処分の執行を受ける者（第5種を除く。第2種及び第3種において同じ。）であって、心身に著しい障害がないおおむね12歳以上23歳未満のもの（第2種を除く。）

---

[1] 少年院は、おおむね12歳から20歳までの少年を収容しているが、家庭裁判所の決定などにより、収容を継続することができる。

2）第2種

保護処分の執行を受ける者であって、心身に著しい障害がない犯罪的傾向が進んで、おおむね16歳以上23歳未満のもの

3）第3種

保護処分の執行を受ける者であって、心身に著しい障害があるおおむね12歳以上26歳未満のもの

4）第4種

少年院において刑の執行を受ける者

5）第5種

2年の保護観察に付されている特定少年[2]であって、かつ、当該保護観察中に遵守すべき事項を遵守しなかったと認められる事由があり、その程度が重く、かつ、少年院において処遇を行わなければ本人の改善及び更生を図ることができないと認められ、少年院に収容する旨の決定を受けた者

(3) 矯正教育課程（少年院法第30条）

矯正教育の目的及び体系的実施については、少年院法第23条に、次のように定められている。

1）矯正教育の目的及び体系的実施（少年院法第23条）

矯正教育は、在院者の犯罪的傾向を矯正し、並びに在院者に対し、健全な心身を培わせ、社会生活に適当するのに必要な知識及び能力を習得させることを目的とする。

矯正教育を行うに当たっては、在院者の特性に応じ、次節に規定する指導を適切に組み合わせ、体系的かつ組織的にこれを行うものとする。

2）被害者等の心情等の考慮

少年院の長は、矯正教育を行うに当たっては、被害者等の被害に関する心情、被害者等の置かれている状況及び次項の規定により聴取した心情等を考慮するものとする。

---

[2] 18歳と19歳の少年は、特定少年と定義され、17歳以下の少年とは異なる扱いを受ける。

表 10-1　少年院における矯正教育課程

少年院の種類	矯正教育課程	符号	在院者の類型	矯正教育の重点的な内容	標準的な期間	人員
第1種	短期義務教育課程	SE	原則として14歳以上で義務教育を終了しない者のうち、その者の持つ問題性が単純又は比較的軽く、早期改善の可能性が大きいもの	中学校の学習指導要領に準拠した、短期間の集中した教科指導	6月以内の期間	4 (0.3)
	義務教育課程Ⅰ	E1	義務教育を終了しない者のうち、12歳に達する日以後の最初の3月31日までの間にあるもの	小学校の学習指導要領に準拠した教科指導	2年以内の期間	―
	義務教育課程Ⅱ	E2	義務教育を終了しない者のうち、12歳に達する日以後の最初の3月31日が終了したもの	中学校の学習指導要領に準拠した教科指導		47 (3.5)
	短期社会適応課程	SA	義務教育を終了した者のうち、その者の持つ問題性が単純又は比較的軽く、早期改善の可能性が大きいもの	出院後の生活設計を明確化するための、短期間の集中した各種の指導	6月以内の期間	149 (11.2)
	社会適応課程Ⅰ	A1	義務教育を終了した者のうち、就労上、修学上、生活環境の調整上等、社会適応上の問題がある者であって、他の課程の類型には該当しないもの	社会適応を円滑に進めるための各種の指導	2年以内の期間	513 (38.5)
	社会適応課程Ⅱ	A2	義務教育を終了した者のうち、反社会的な価値観・行動傾向、自己統制力の低さ、認知の偏り等、資質上特に問題となる事情を改善する必要があるもの	自己統制力を高め、健全な価値観を養い、堅実に生活する習慣を身に付けるための各種の指導		114 (8.6)
	社会適応課程Ⅲ	A3	外国人等で、日本人と異なる処遇上の配慮を要する者	日本の文化、生活習慣等の理解を深めるとともに、健全な社会人として必要な意識、態度を養うための各種の指導		8 (0.6)
	支援教育課程Ⅰ	N1	知的障害又はその疑いのある者及びこれに準じた者で処遇上の配慮を要するもの	社会生活に必要となる基本的な生活習慣・生活技術を身に付けるための各種の指導		68 (5.1)
	支援教育課程Ⅱ	N2	情緒障害若しくは発達障害又はこれらの疑いのある者及びこれに準じた者で処遇上の配慮を要するもの	障害等その特性に応じた、社会生活に適応する生活態度・対人関係を身に付けるための各種の指導		94 (7.1)
	支援教育課程Ⅲ	N3	義務教育を終了した者のうち、知的能力の制約、対人関係の持ち方の稚拙さ、非社会的行動傾向等に応じた配慮を要するもの	対人関係技能を養い、適応的に生活する習慣を身に付けるための各種の指導	2年以内の期間	272 (20.4)
第2種	社会適応課程Ⅳ	A4	特に再非行防止に焦点を当てた指導及び心身の訓練を必要とする者	健全な価値観を養い、堅実に生活する習慣を身に付けるための各種の指導		13 (1.0)
	社会適応課程Ⅴ	A5	外国人等で、日本人と異なる処遇上の配慮を要する者	日本の文化、生活習慣等の理解を深めるとともに、健全な社会人として必要な意識、態度を養うための各種の指導		―
	支援教育課程Ⅳ	N4	知的障害又はその疑いのある者及びこれに準じた者で処遇上の配慮を要するもの	社会生活に必要となる基本的な生活習慣・生活技術を身に付けるための各種の指導		2 (0.2)
	支援教育課程Ⅴ	N5	情緒障害若しくは発達障害又はこれらの疑いのある者及びこれに準じた者で処遇上の配慮を要するもの	障害等その特性に応じた、社会生活に適応する生活態度・対人関係を身に付けるための各種の指導		3 (0.2)
第3種	医療措置課程	D	身体疾患、身体障害、精神疾患又は精神障害を有する者	心身の疾患、障害の状況に応じた各種の指導		45 (3.4)
第4種	受刑在院者課程	J	受刑在院者	個別的事情を特に考慮した各種の指導	―	―
第5種	保護観察復帰指導課程Ⅰ	P1	保護観察再開に向けた社会適応上の指導を要する者のうち、その者の持つ問題性が比較的軽く、早期改善の可能性が大きいもの	保護観察を再開するための、短期間の集中した各種の指導	3月以内の期間	―
	保護観察復帰指導課程Ⅱ	P2	保護観察再開に向けた社会適応上の指導を要する者(保護観察復帰指導課程Ⅰに該当する者を除く。)	保護観察を再開するための、集中した各種の指導	6月以内の期間	―

注1　少年矯正統計年報による．
　2　第5種が指定される在院者は、令和4年4月から計上している。
　3　(　)内は、矯正教育課程別の構成比である。
(法務省法務総合研究所, 2024)

少年院の長は、在院者について、被害者等から、被害に関する心情、被害者等の置かれている状況又は当該在院者の生活及び行動に関する意見を述べたい旨の申出があったときは、法務省令で定めるところにより、当該心情等を聴取するものとする。ただし、当該被害に係る事件の性質、当該被害者等と当該在院者との関係その他の被害者等に関する事情を考慮して相当でないと認めるときは、この限りでない。

　少年院においては、この少年院法第23条に基づき、在院者の特性に応じて体系的・組織的な矯正教育を実施するため、矯正教育課程が定められている（少年院法第30条）。矯正教育課程は、在院者の年齢、心身の障害の状況及び犯罪的傾向の程度、在院者が社会生活に適応するために必要な能力その他の事情に照らして一定の共通する特性を有する在院者の類型（18類型）ごとに、矯正教育の重点的な内容及び標準的な期間を定めてものである。

　少年院の種類ごとに指定されて矯正教育課程は、表10-1のとおりであり、令和4年における少年院入院者の矯正教育課程別人員は、右列の人員欄のとおりである。

2．矯正教育の内容

　少年院における処遇の中核となるのは矯正教育であり、在院者には、生活指導、職業指導、教科指導、体育指導及び特別活動指導の5つの分野にわたって指導が行われる。少年院の長は、個々の在院者の特性に応じて行うべき矯正教育の目標、内容、方法、期間等を定めた個人別矯正教育計画を作成し、矯正教育はこれに基づき実施される。

　少年院における処遇の段階は、その者の改善更生の状況に応じた教育その他の処遇を行うため、1級、2級及び3級に区分されており、在院者は、まず3級に編入され、その後、改善更生の状況等に応じて上位または下位の段階に移行し、これに応じて、その在院者にふさわしい処遇が行われる（累進処遇制度）。

　前記の5つの分野における指導の主な内容は、以下のとおりである。

(1) 生活指導（少年院法第24条）

　少年院においては、在院者に対し、善良な社会の一員として自立した生活を営むための基礎となる知識及び生活態度を習得させるために必要な生活指導を行う。生活指導は、①基本的生活訓練、②問題行動指導、③治療的指導、④被害者心情理解指導、⑤保護関係調整指導及び⑥進路指導について、全体講義、面接指導、作文指導、日記指導、グループワークなどの方法を用いて行われている。

　また、在院者の抱える特定の事情の改善に資するために、令和3年度までは6種類の特定生活指導が実施されていたところ、令和4年度から、成年に達した者を対象として、成年であることの自覚及び責任を喚起するとともに、社会参加に必要な知識を付与することなどを指導目標とした「成年社会参画指導」が加わり7種類となっている。令和4年における各指導の受講終了人員は、①被害者の視点を取り入れた教育が41人、②薬物非行防止指導が299人、③性非行防止指導が138人、④暴力防止指導が236人、⑤家族関係指導が250人、⑥交友関係指導が539人、⑦成年社会参画指導が267人であった（法務省法務総合研究所，2024）。

　このうち、薬物非行防止指導及び性非行防止指導については、重点指導施設が指定され、指導の充実が図られている。令和4年度は、薬物非行防止指導では11庁、性非行防止指導では2庁が重点指導施設に指定されており、これらの施設においては、他の少年院からも対象者を受け入れるなどして、グループワークなどによる重点的かつ集中的な指導が実施されている。

　また、近年増加傾向が続く大麻使用歴を有する在院者に対し、より効果的な指導を実施するため、令和4年度に、大麻に関する情報をより広く少年院職員に提供することを目的として、少年院職員のために作成された大麻に関する執務参考資料が各少年院に配布された。

　さらに、女子少年については、女子少年に共通する処遇ニーズに対応して全在院者を対象に実施する処遇プログラムが行われている。

(2) 職業指導（少年院法第25条）

少年院においては、在院者に対し、勤労意欲を高め、職業上有用な知識及び技能を習得させるために必要な職業指導を行っている。職業指導は、令和4年度から、「職業生活設計指導」及び「職業能力開発指導」の2つの指導に大別された。「職業生活設計指導」の職業生活設計指導科は、原則として全在院者に対して行うもので、受講者全員に対してビジネスマナー、パソコン操作能力、キャリアカウンセリングなどの講座を行う必修プログラムと、受講者個々の必要性に応じて職場の安全衛生、接客の基本知識等の講座を選択的に行う選択プログラムを組み合わせて行うものとなっている。「職業能力開発指導」の職業指導種目について、例えば、新設された種目であるICT技術科は、プログラミング教育のICTに係る知識の習得等を、従来の電気工事科、溶接科、土木建築科等が統合された総合建設科は、複数の資格取得に向けた知識・技術の習得等を、従来の農園芸科、木工科、手芸科、陶芸科等が統合された製品企画科は、製品企画から制作、展示、販売までを体験することをそれぞれねらいとするなど、より実践・社会的視点が考慮されている。

令和4年における出院者（退院又は仮退院により少年院を出院した者に限る。以下この節において同じ。）のうち、在院中に指定された職業指導の種目において、溶接、土木・建築・ICT等の資格・免許を取得した者は延べ人員で1,176人、それ以外の資格取得講座において、小型車両系建設機械運転、フォークリフト運転、危険物取扱者などの資格・免許を取得した者は延べ人員で1,604人であった（法務省法務総合研究所，2024）。

(3) 教科指導（少年院法第26条）

少年院においては、義務教育未終了者および社会生活の基礎となる学力を欠くことにより改善更生及び円滑な社会復帰に支障があると認められる在院者に対しては、小学校または中学校の学習指導要領に準拠した教科指導を行う。そのほか、高等学校への編入もしくは復学、大学等への進学又は就労等のために高度な学力を身につけることが必要な者に対しては、その学力に応じた教科指導を行うことができる。令和4年における出院者のうち、中学校または高

等学校への復学が決定した者は、それぞれ11人、50人であり、在院中に中学校の修了証明書を授与された者は、47人であった。なお、法務省と文部科学省の連携により、少年院内において、高等学校卒業程度認定試験を実施しており、同年度の受験者数は377人、合格者数は、高卒認定試験合格者が151人、一部科目合格者が213人であった（法務省法務総合研究所，2024）。

(4) 体育指導（少年院法第28条）

善良な社会の一員として自立した生活を営むための基礎となる健全な心身を培わせるため必要な体育指導が行われている。体育指導においては、各種スポーツ種目等を通じて、日常生活に必要な体力や技能を高めることのみならず、遵法の精神や協調性を育むような指導に留意している。

(5) 特別活動指導（少年院法第29条）

特別活動指導においては、在院者の情操を豊かにし、自主、自律及び協同の精神を養うため、自主的活動、クラブ活動、情操的活動、行事及び社会貢献活動が行われている。このうち、社会貢献活動としては、社会に有用な活動を通じて規範意識、社会性の向上等を図ることを目的として、公共施設における清掃活動等が行われている。

3. 社会復帰支援

少年院は、出院後に自立した生活を営む上での困難を有する在院者に対しては、その意向を尊重しつつ、保護観察所と連携して、適切な帰住先を確保すること、医療及び療養を受けることを助けること、修学または就業を助けることなどの社会復帰支援を行っている。参考までに、少年院出院者の出院時の引受人別構成比を図10-2に示す。

法務省においては、厚生労働省と連携し、刑務所出所者等総合的就労支援対策の一環として、少年院在院者に対してハローワークの職員による職業相談等を実施しており、また、障害を有し、かつ、適当な帰住先がない在院者に対

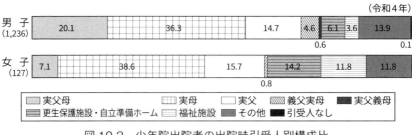

図 10-2　少年院出院者の出院時引受人別構成比
（法務省法務総合研究所，2024）

して、出院後速やかに福祉サービスを受けることができるようにするための特別調整を実施している。

　令和4年における出院者のうち、就労支援の対象者に選定されて支援を受けた者は393人（28.8％）、そのうち就職の内定を得た者は148人（出院者の10.9％、就労支援を受けた者の37.7％）であった。

　さらに、少年院においては、高等学校への復学等を希望している在院者または中学校への復学等が見込まれる在院者に対し、出院後の円滑な復学等を図るために行う修学支援についても充実が図られている。全在院者に対し、「学ぶ」ことの意義、学校の種類、学校卒業後の進路等について情報提供することを目的とした修学支援ハンドブックが配布されているほか、転学または入学が可能な学校や利用可能な経済的支援等に係る情報収集と提供を民間の事業者に委託する修学支援情報提供等請負業務（通称「修学支援デスク」）が整備され、在院者がこれを利用して転入学に関する具体的な情報を得られる。令和4年度における修学支援デスクの利用状況は、進路希望依頼が265件、調査報告が783件であった（法務省法務総合研究所，2024）。

　なお、法務省は、令和3年8月から、ソーシャル・インパクト・ボンド（SIB）による非行少年への学習支援事業を開始した。これは、法務省との間で成果連携型民間委託契約を締結した受託者（共同事業体）が、非行少年を対象として、少年院在院中から出院後まで継続して、最長1年間の学習支援を実施するというものである。

　第5種少年院在院者について、保護観察所をはじめとする関係機関との連

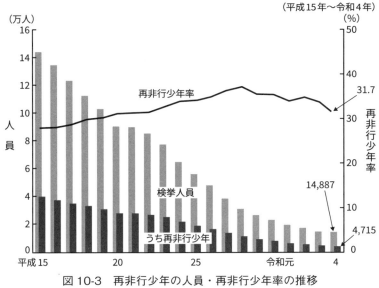

図 10-3　再非行少年の人員・再非行少年率の推移
（法務省法務総合研究所，2024）

携を強化し、社会内処遇と連続性を持った指導・支援等を効率的に行う必要があることから、令和 4 年度、全国各地の少年院等に第 5 種少年院在院者等のケース検討用端末が整備された。

こうした手厚い社会復帰支援が行われている背景には、再非行少年率[3]が高いまま推移している事実がある（図 10-3）。成人の犯罪についても再犯者率が高止まりの傾向が認められ、再犯率をいかに減少させるかが、現在の矯正における大きな課題の一つである。

ここまで、法律や制度を中心に矯正教育について考えてきた。次の節では、こうした法律や制度の中で、具体的にどのような心理学的支援がなされているかについて検討する。

---

[3] ここで言う再非行少年率とは、少年の刑法犯検挙人員に占める再非行少年の人員の比率を指す。

4. 矯正教育における心理学に基づく支援

　矯正教育における心理学的支援は主に、生活指導の一環として行われている（野村他, 2020）。

　例えば、認知行動療法（Cognitive Behavior Therapy：CBT）の一つであるアクセプタンス＆コミットメント・セラピー（Acceptance and Commitment Therapy：ACT）理論に基づくプログラムである、J-COMPASSでは、マインドフルネスや価値の明確化が強調された手続きが実践されている（亀田, 2017）。少年院では、少年の健全な育成を期すことがその理念であるため、向社会的な行動の拡大により焦点が当てられる。具体的には、集団討議、集団行動訓練、マインドフルネス、ソーシャルスキルトレーニング（Social Skills Training：SST）、アサーションなどが中心となっている。第3章の学習・記憶の心理学において触れたように、罰は行動の抑止にある程度寄与することが考えられるが、その人が望ましい行動をするように促すには、行動や認知の変容を積極的に促すことが望ましい。先ほど述べたように、現在の矯正教育は、単に罰するのではなく、再犯の防止に重点が置かれている。

　矯正教育において認知行動療法を用いることが抱えるさまざまな課題としては以下が挙げられる。

・プロセス指標の評価
・グループワークの展開方法
・抵抗や否認への対応
・認知的介入
・レスポンデント条件づけに基づく介入
・施設内処遇と社会内処遇との連携

　また、家族関係指導や交友関係指導などもより具体的に行われている。少年院は集団指導を前提としていることから、経験的に、個々の改善の程度を集団で乗り越える（広田他, 2009）といった集団凝集性（組織における一体感）の向上を狙いとしていることが多い。しかしながら、それぞれの取り組みが集

団凝集性の高まりをターゲットとする単元の一つとしての位置づけにとどまっているしまうことが多く（野村他, 2020）、より個別的な指導が必要とされる。

文　献

広田照幸・古賀正義・村山拓・齋藤智哉「少年院における集団指導と個別指導の関係 ── フィールド調査を通して ──」『教育學雑誌』44 (2009) pp.15-32.
法務省法務総合研究所（編）『令和5年版犯罪白書』日経印刷 2024
亀田公子「少年院における性非行防止指導 J-COMPASS」『刑政』128 (2017) pp.55-65.
野村和孝・嶋田洋徳・神村栄一「司法・犯罪分野・嗜癖問題への認知行動療法の適用と課題」『認知行動療法研究』46 (2020) pp.121-131.

第三部　持続可能・多様性社会に対応する心理学

第11章 スポーツと教育

　スポーツや運動は、人が健康的な生活を営む上で、なくてはならない活動である。そして、その有効性や活用方法を指導する場として、教育現場の役割が再注目されている。本章では、スポーツや運動に注目し、それが心をはじめ、人びとのさまざまな側面に及ぼす効果や、教育活動とのつながりについて説明する。

1. 用語の整理とスポーツや運動、保健体育の意味

　最初に、本章で取り上げる用語について整理したい。「スポーツ」や「身体活動」、「運動」といった言葉は一見、同じように感じられるものの、それぞれの意味は下記のように異なる（表11-1）。

表11-1　スポーツ・身体活動・運動のそれぞれの意味

スポーツ（Sport）：	「心身の健全な発達、健康及び体力の保持増進、精神的な充足感の獲得、自律心その他の精神の涵養等のために個人又は集団で行われる運動競技その他の身体活動であり、今日、国民が生涯にわたり心身ともに健康で文化的な生活を営む上で不可欠のもの」（文部科学省, 2011）
身体活動（Physical activity）：	安静にしている状態より多くのエネルギーを消費するすべての動作のこと（澤田, 2019）
運動（Exercise）：	身体活動の一種であり、計画的に構成された反復性の体の動きとして定義され、1つ以上の体力要素を維持・向上させるために実施される、計画的・意図的かつ、継続性のある活動のこと（澤田, 2019）

ただし、現代社会におけるスポーツや運動の目的とその種類は多様化しており、沢井（2006）は、スポーツ・運動の目的を「競技力向上」、「健康・体力づくり」、「疾病予防・機能維持」、「疾病治療・機能回復」に分類している。そして、それぞれの対象者として、「競技選手」、「一般健常者」、「半健康者・低体力者」、「有疾患者・障がい者・要介護者」がいるとしている。

　また、学校教育におけるスポーツや運動と関連する教科である「保健体育」については、その目標として、体育（文部科学省，2018）では

(1) 運動の合理的，計画的な実践を通して，運動の楽しさや喜びを深く味わい，生涯にわたって運動を豊かに継続することができるようにするため，運動の多様性や体力の必要性について理解するとともに，それらの技能を身に付けるようにする。
(2) 生涯にわたって運動を豊かに継続するための課題を発見し，合理的，計画的な解決に向けて思考し判断するとともに，自己や仲間の考えたことを他者に伝える力を養う。
(3) 運動における競争や協働の経験を通して，公正に取り組む，互いに協力する，自己の責任を果たす，参画する，一人一人の違いを大切にしようとするなどの意欲を育てるとともに，健康・安全を確保して，生涯にわたって継続して運動に親しむ態度を養う。

とあるように、運動を通した健康や、社会的な道徳的態度の涵養が目標として設定されている。さらに、保健の目標（文部科学省，2018）としては

(1) 個人及び社会生活における健康・安全について理解を深めるとともに，技能を身に付けるようにする。
(2) 健康についての自他や社会の課題を発見し，合理的，計画的な解決に向けて思考し判断するとともに，目的や状況に応じて他者に伝える力を養う。
(3) 生涯を通じて自他の健康の保持増進やそれを支える環境づくりを目指し，明るく豊かで活力ある生活を営む態度を養う。

が設定されている。そのため、学校教育におけるスポーツや運動、またそれと関連する教育は、「人の心身の健康を実現するために必要な知識や技能を

獲得する活動」とも言える。

2. スポーツと心身の健康

上述のように、スポーツや運動の実践やその教育活動を通して、人の心身の健康を実現することが期待されている。しかしながら、そもそも「健康」とはどういう状態を指すのであろうか？ 世界保健機構：World Health Organization（WHO）が1948年に発効したWHO憲章の中では、健康とは「病気でないとか、弱っていないということではなく、肉体的にも、精神的にも、そして社会的にも、すべてが満たされた状態にあること」と定義されている。

このような全人的な健康を実現する方法の一つとしても、スポーツや運動の効果が注目されている。実際に、American College of Sports Medicine（2017）

表11-2 American College of Sports Medicineに示される身体活動の効果

項目	用量－反応関係のエビデンス	エビデンスの強さ
全死因による死亡	あり	強い
循環器系疾患	あり	強い
代謝疾患	あり	中程度
エネルギーバランス		
体重維持	不十分なデータ	弱い
体重減少	あり	強い
体重減少による体重維持	あり	中程度
腹部肥満	あり	中程度
筋骨格系疾患		
骨	あり	中程度
関節	あり	強い
筋	あり	強い
機能障害	あり	中程度
大腸がんと乳がん	あり	中程度
メンタルヘルス		
抑うつおよび心理的ストレス	あり	中程度
ウェルビーイング： 　不安、認知機能、睡眠	不十分なデータ	弱い

では、表 11-2 に記載したような、身体活動と健康指標との関係を報告している。またスポーツや運動は 1 人でも実施可能であるが、家族や友人、チームメイトに加えて、地域住民や場合によっては、その場限りの知らない他者とであっても、一緒に行うことが可能な活動であり、スポーツや運動を通した人と人とのつながりの構築、社会的な効果も報告されている。

3. 運動学習

　われわれは生まれてから幼少期の過程で、さまざまな運動を学習している。運動に関する学習を村山（2023）は「練習や経験によって生じる運動技能の比較的永続的な向上」であるとし「身体内で生じる中枢神経系の変化であるために、学習者の中で生じている変化を外部から直接的に観察することはできない」と説明している。そして、このような運動学習に関連する理論においては、その学習過程で押さえておくと役に立つポイントが報告されている。ただし、その理論は多数存在し、本章ではすべてを扱うことは到底不可能であるため、例として、注意の焦点づけ（attention focus）の理論を紹介したい。

　運動を学習する際に、われわれは意識をどこに向けるとよいのだろうか？たとえばテニスの指導現場では、「腰を回転させて」とか「足を折り曲げて」といったような、身体的な運動に対する意識を、初心者に指示する指導者の声を耳にする。ただし当然ながら、身体的な運動にだけ意識を向けていては、テニスはできない。テニスには上達する過程で、対戦相手の動きであったりボールの飛ぶ方向など、自分の外側：環境に意識を向ける必要が生じてくる。このような注意の向け先と運動の学習に関する研究が報告されており（e.g., Wulf et al., 1998）、そこでは主に、自分自身の身体の中に意識を向けることを内的焦点（internal focus）とよび、自分の外側に意識を向けることを外的焦点（external focus）とよぶとされている。そして先行研究では、基本的に外的焦点の方が、内的焦点よりも運動の学習を促進させることが確認されている（Chua et al., 2021）。その他にも、運動学習に関する理論は多様に存在し、運動中の意識の向け先や練習方法の違いが、人の運動の学習の促進や阻害につな

がることがわかっている。そのため、運動を指導する側は、そういった点を理解しながら、コーチングに当たることが求められる。

4. スポーツや運動の実践者数と動機づけ

　先述のように、スポーツや運動を通した肉体的・精神的・社会的健康への効果が知られているものの、実際のスポーツや運動の実践者数は多くない。日本では以前から「1日30分以上の軽く汗をかく運動を週2日以上実施し、1年以上継続している者」を運動習慣者と位置づけ（厚生労働省，2015）、その割合が記録されてきた。しかしながら令和5年度に発表された調査結果では、運動習慣者は20歳以上で27.3％であったという。

　運動やスポーツを自発的に行っているように見える人の心理的な過程には、何が影響しているのだろうか。その心理的過程を説明する上で重要な心理的概念が「動機づけ」である。櫻井（2024）によると、「動機」とは、目標を設定し、行動を起こし継続する推進力を指す。そして、その目標の達成に向けて行動し続けるプロセスが「動機づけ」にあたるという。このような、人が行動する背景にある動機づけのプロセスを説明する理論は、これまでさまざま報告されているが、本章ではそのうちのいくつかを取り上げ、スポーツや運動、あるいは教育現場を対象とした研究の知見を紹介する。

(1) 達成目標理論

　達成目標理論（Achievement goal theory）とは、人は有能さ（competence）を求めることを前提とし、その有能さを求めるために人は、達成目標を設定すること、達成目標の内容や基準によって、行動や感情が変化することを説明する理論である（上淵，2019）。この理論の大枠の中に、複数の理論が存在するが、どれにおいても、達成目標を熟達目標（mastery goals）と遂行目標（performance goals）という2つの目標に分けて説明がなされる（鹿毛，2013）。ここでの熟達目標とは、有能さやスキルを高めることを強調する目標の志向性を意味し、遂行目標とは、他者を凌駕することで自身の有能さを

示そうとする目標の志向性を意味する（Ames & Archer, 1988; Dweck, 1986; Senko & Tropiano, 2016）。そして、多くの場合、遂行目標の方が学習場面では適応性が低いと示唆されている。

　この遂行目標を有している者は、能力に関する捉え方（mindset）として、固定的な能力観（fixed mindset）を有しがちである。これは、個々人の能力は固定的なものであり、変動しないという能力観を意味し、生まれ持った能力は変わるものではないと認識することを指す。たとえば、運動技能で考えると、一般的にスポーツや運動を得意な人を表す表現として「運動神経」や「センス」という言葉があり、これは固定的な能力感による見方である。反対に、熟達目標の志向性を持つ者の能力観は、能力は変わり得るものであるという、可変的な能力観（growth mindset）を有している（Dweck & Leggett, 1988; Senko & Tropiano, 2016）。たとえば、運動技能を努力によって変化させることができると考える者は少なくないが、それは可変的な能力感によって導かれているものであると言える。そして、遂行目標があり、かつ現在の能力への自信が高ければ熟達志向的になるが、自信が低い場合には、挑戦を避けたり、持続性が低くなりがちである。一方、熟達目標の志向性を有していれば、能力への自信が高くとも低くとも、挑戦を試みたり、持続性が高くなりやすいという（櫻井, 2024）。そのため、スポーツや運動の指導の場合に、他者よりも勝るという観点から活動を行うよりも、自身の運動能力や記録を伸ばすことに注目することや、各自の能力感を考慮した取り組みが重要となる。

(2) 自己決定理論

　自己決定理論（Self-determination theory）とは、動機づけが生起し、それがどのように人の行動や健康に影響するのかというプロセスを記述した理論である（Deci & Ryan, 1985; Ryan & Deci, 2000, 2017）。この理論では6つの下位理論が提唱されており、そのうちの1つである基本的心理欲求理論（Basic psychological needs theory）では、質の高い動機づけを発達させ、個々人が最適な機能を達成するために、3つの基本的な心理欲求があると仮定している。ここでの基本的心理欲求とは、個人の成長における対人関係や文化的文脈の中

で満たされれば、成長や誠実さ、ウェルビーイングを促進する、特定の心理的・社会的栄養素と説明されるものである（Ryan & Deci, 2017）。そして、その要素として 1) 自律性（autonomy）の欲求：自身の行動に自発的・主体的な感覚を経験したいという欲求、2) 有能さ（competence）の欲求：世界との相互作用における有能性を経験したいという欲求、3) 関係性（relatedness）の欲求：重要な他者とつながり、所属感や受け入れられているという感覚に対する欲求を取りあげている（Ryan & Deci, 2000; 2017；Vasconcellos et al., 2020）。

また、スポーツや運動の動機づけに関する研究では、自己決定理論における有機的統合理論が日本では頻繁に用いられている。この有機的統合理論では、動機づけの変化の過程として、無動機づけ → 外発的動機づけ → 内発的動機づけという流れを仮定している。そして、外発的動機づけという広いカテゴリーの中に 1) 外的調整（External Regulation）、2) 取り入れ的調整（Introjected Regulation）、3) 同一化的調整（Identified Regulation）、4) 統合的調整（Integrated Regulation）という 4 つの下位分類ともよべる、調整スタイルを想定している。ここでの外的調整とは、個人が外的にコントロールされた報酬を求めたり、外的に管理された罰を避けたりするときに成立するものである。次に取り入れ的調整とは、罪悪感や恥の回避、プライドの追求など、自尊心に関連する内的な力動によって引き起こされるものである。同一化的調整とは、知覚された個人の価値や意味に基づき、これらの行動が本質的に楽しいか否かにかかわらず、行動を実行するように個人を駆り立てるものである。そして統合的調整とは、外発的動機づけの一形態ではあるが、最も自己決定的な外発的動機であり、その活動を行うことが自身の価値と一致している状態を意味する。この外的調整または取り入れ的調整は統制的な動機づけ（controlled motivation）と分類され、同一化的調整と統合的調整、内発的動機づけは、自律的動機づけ（autonomous motivation）に分類される（Ryan & Deci, 2017; Howard et al., 2021）。また後者に進むほど、自律性の高い状態と判別される。つまり、外発的動機づけであったとしても、その特徴によっては、自律性の高い動機づけと判断することができる。

このような動機づけのタイプに注目し、学生を対象とした研究に基づくメタ分析によると、取り入れ的調整や同一化的調整、統合的調整および内発的動機づけは適応的なアウトカム（学習パフォーマンスや楽しさなど）と正に関連したことが報告されている（Howard et al., 2021）。また、体育授業（physical education）における自己決定理論で想定される変数の影響について、メタ分析および変数間の関連性について検討が行われている。そしてビューローら（Bureau et al., 2022）は、指導者の自律性の支援が、学習者の自律性や有能さ、関係性の欲求と正に関連するとともに、直接的かつ間接的に、各動機づけを説明すること、とくにその関連は、養育者の自律性支援よりも影響が強いことを報告している。すなわち、養育者よりも指導者の態度といった社会的な環境が、身体活動の授業における学習者の心理的欲求充足の知覚に影響し、結果的に、授業やその成績、身体活動への動機といった肯定的な結果につながることを示唆するものである。

5. 体育・スポーツ嫌い

　先述のように、学校教育を通してスポーツを行うことは、児童生徒の心身の健康に繋がることが期待される。さらに、成人期以前の運動経験は、成人後の運動への好意度を介して、その時期の運動実施に間接的に関連することが指摘されている（鈴木，2009）。すなわち、過去の運動経験が成人後の運動経験に影響すること、その過程の中で、運動への好意度が重要な要素となることを意味する。しかしながら、成人期前にスポーツや運動に親しむ機会となる、教育活動における「（保健）体育」を嫌いな人は、一定数存在する。

　なぜ運動は心身の健康や社会的つながりの獲得に貢献するはずなのに、運動を習慣的に行う人は少なく、また体育が嫌いな人が一定数存在するのだろうか？　その問いの答えの一つは、皆が同じ体験や効果を獲得することができるスポーツや運動はこの世に存在せず、一人ひとり、特定の運動によって得られる効果や体験には違い（個人差）があるということである。スポーツや運動というものは強度（運動実施時の負荷やきつさ）が高い場合に、運動実践者に

とってその活動中の体験は、不快な体験となる。実際に高強度と低強度の運動を条件として、それぞれの運動条件を実施する前から運動中、運動後の気分状態の変化を確認した研究では、運動前や運動後の時期では運動条件間での気分状態の差は認められなかった。しかしながら、運動実施中の気分状態には有意な差が認められ、低強度の運動条件で運動を実施した者の方が、良い気分になっていたこと、高強度の運動実施者は運動前の状態よりも、運動実施中に気分状態が悪くなっていたことが報告されている（Bixby, Spalding, & Hatfield, 2001）。

　このような運動の効果に関する個人差要因として、「Intensity-Preference（preference for exercise intensity）：強度―好み」と「Intensity-Tolerance（tolerance of exercise intensity）：強度―許容範囲」があるという（Ekkekakis et al., 2005）。この「Intensity-Preference：強度―好み」とは、選択の機会が与えられた際に特定の運動強度を選択する素因を意味し、運動実施者が選択する運動の強度と関連すること、高い強度を好む人は高い強度で運動を行うことが報告されている（Ekkekakis et al., 2005）。また「Intensity-Tolerance：強度―許容範囲」は、仮にその活動が快適ではなく不愉快になるレベルの強度が課せられても、運動を継続することができる能力に影響する特性を意味する。このような、人が快適だと感じる、または、継続可能な強度や運動の種類には個人差が存在し、ある人にとっては軽く（楽な）快適な運動であっても、ある人からすると、大変で（キツい）不快な運動となる場合がある。そうであれば、皆に共通するスポーツや運動を提供するのではなく、個々人の特徴や好みに応じたスポーツや運動の実践が必要となる。

6. 保健体育を通したメンタルヘルス教育

　高等学校において、令和4年度に向けて改訂された学習指導要領では、保健の「現代社会と健康」において、精神疾患の予防と回復の項目が盛り込まれた（文部科学省，2018）。そこでは、「精神疾患の予防と回復には，運動，食事，休養及び睡眠の調和のとれた生活を実践するとともに，心身の不調に気づ

くことが重要であること。また，疾病の早期発見及び社会的な対策が必要であること」と記載されており、精神疾患の特徴の理解や、その対処方法についての理解に関する教育内容が取り上げられている。また近年では、教育現場でも活用することが可能なICTプラットフォームとして、「こころの健康教室サニタ」が公開されている（こころの健康教室サニタ，n.d.）。

　このようなメンタルヘルスとスポーツや運動とのつながりについて、近年では、プロや国の代表など、エリートレベルのアスリートにおけるメンタルヘルスの不調についても、知られるようになってきた。たとえば、国際オリンピック委員会（International Olympic Committee）は、2019年にエリートアスリートにおけるメンタルヘルス不調に関するコンセンサスガイドを発表している（Reardon et al., 2019）。その中で、オリンピックやパラリンピックの代表のような、一流の選手も一般の人びとと同じように、さまざまな精神疾患に罹患し、苦しむ者が一定数存在すること、また摂食障害などの問題は、むしろアスリートの方が一般の人と比較して、罹患リスクが高いと指摘されている（Joy et al., 2016）。実際に、生涯でオリンピックの金メダルを23枚獲得している、アメリカ合衆国の競泳代表選手であったマイケル・フェルプスは、過去に深刻なうつ病で苦しんでいたことを公表している（CNN, 2018）。彼は現在、自身の経験をもとに、メンタルヘルスに関する啓発活動を行っているが、そのようなアスリート本人や、アスリートと研究者がタッグを組んで、メンタルヘルスのイメージの改善を図る取り組みが世界的にも行われている。実際に日本においても、国立精神神経医療研究センターと日本ラグビーフットボール選手会が連携して進めている「よわいはつよいプロジェクト」の活動の中でも、アスリートが学校現場に赴き、講演をするなど普及啓発活動が行われている（よわいはつよいプロジェクト，2021）。

7. 保健体育を通したストレスマネジメント教育

　保健体育の中では、精神疾患の理解だけではなく、対処方法に関する学習も求められている。では、どのようにその機会を提供することが可能だろうか。心理支援の中では、各自が経験するストレスを調整する方法として、ストレスマネジメントが実践されている。このストレスマネジメントとは、ストレスとの上手な付き合い方を考え、適切な対処をすることを意味する（社会応援ネットワーク，2022）。このストレスマネジメントのために必要な理論や実践方法を学ぶ場としても、保健体育が位置づけられるようになってきており、ここでは、学校現場で実施可能な実践法についても、取り上げたい。

　仏教の教えの中で「調身 → 調息 → 調心」とあるように、身体を整えることで心が整うことがわかる。そして、心身相関という言葉があるように、心と身体はつながっている。そうであれば、心から身体を落ち着けるのではなく、身体を調整することで、自然と心が落ち着くのを待ったり、変化を起こす：身体から心へのアプローチが重要となる（坂入，2022）。身体から心へのアプローチの方法としては、たとえば呼吸法や筋弛緩法、自律訓練法や瞑想（近年ではマインドフルネスと呼ばれる）といった方法がある（坂入，2022；社会応援ネットワーク，2022）。これらの方法は、身体を調整して（呼吸法：吸う息よりも吐く息を長くする。筋弛緩法：体に力を入れて、力を抜く）心を整える方法であるとともに、自分自身の身体と心を客観的に観察し、心身の状態に客観的に気づくことや、一歩離れた視点で見守るための方法でもある。そのような取り組みは、体育の中に含まれる、「体つくり運動」における「体ほぐしの運動」の目的である「手軽な運動を行い，心と体は互いに影響し変化することや心身の状態に気付き，仲間と自主的に関わり合うこと」を身につけることとも類似する（雨宮，2018）。そのため、体育の教育活動の中で、心身の状態や関係に気づくことを意図した取り組みが必要であり、その方法に、ストレスマネジメント技法はなりえるわけである。

8. まとめ

以上のように、スポーツや運動は、競争的なものだけではなく、人びとが心身ともに健康に、人と人とのつながりを構築するために必要不可欠なものである。そして、それを教育現場で活用する保健体育科目は、一人ひとりが長きにわたって健康に充実した日々を過ごすために、一生涯にわたって活用可能な知識を獲得することができる機会を提供するものであると期待される。

文献

雨宮 怜「用語解説④マインドフルネス」『体育科教育』2 (2018) p.57.

American College of Sports Medicine 『Benefits and risks associated with physical activity. ACSM's guidelines for exercise testing and prescription tenth edition』 Wolters Kluwer 2017 7.

Ames, C., & Archer, J.「Achievement goals in the classroom: Students' learning strategies and motivation processes」『Journal of educational psychology』 80 (1988) 260-267.

Bixby, W. R., Spalding, T. W., & Hatfield, B. D.「Temporal dynamics and dimensional specificity of the affective response to exercise of varying intensity: differing pathways to a common outcome」『Journal of Sport and Exercise Psychology』 23 (2013) 171-190.

Bureau, J. S., Howard, J. L., Chong, J. X., & Guay, F.「Pathways to student motivation: A meta-analysis of antecedents of autonomous and controlled motivations」『Review of Educational Research』 92 (2022) 46-72.

Chua, L. K., Jimenez-Diaz, J., Lewthwaite, R., Kim, T., & Wulf, G.「Superiority of external attentional focus for motor performance and learning: Systematic reviews and meta-analyses」『Psychological Bulletin』 147 (2021) 618-645.

CNN『Michael Phelps: 'I am extremely thankful that I did not take my life'』(2018) Retrieved November 3 2024 from https://edition.cnn.com/2018/01/19/health/michael-phelps-depression/index.html

Deci, E. L., & Ryan, R. M.『Intrinsic motivation and self-determination in human behavior』 Springer 1985 11-40.

Dweck, C. S.「Motivational processes affecting learning」『American psychologist』 41 (1986) 1040-1048.

Dweck, C. S., & Leggett, E. L.「A social-cognitive approach to motivation and personality」

『*Psychological Review*』95 (1988) 256-273.

Ekkekakis, P., Hall, E. E., & Petruzzello, S. J.「Some like it vigorous: Measuring individual differences in the preference for and tolerance of exercise intensity」『*Journal of Sport and Exercise Psychology*』27 (2005) 350-374.

Howard, J. L., Bureau, J. S., Guay, F., Chong, J. X., & Ryan, R. M.「Student motivation and associated outcomes: A meta-analysis from self-determination theory」『*Perspectives on Psychological Science*』16 (2021) 1300-1323.

Joy, E., Kussman, A., & Nattiv, A.「2016 update on eating disorders in athletes: A comprehensive narrative review with a focus on clinical assessment and management」『*British Journal of Sports Medicine*』50 (2016) 154-162.

鹿毛雅治『学習意欲の理論－動機づけの教育心理学』金子書房 2013

こころの健康教室サニタ『専門家・研究チーム・教育現場をつなぐICTプラットフォーム』(n.d.) Retrieved November 3 2024 from https://sanita-mentale.jp/

厚生労働省『平成27年 国民健康・栄養調査結果の概要』(2015) Retrieved November 3 2024 from https://www.mhlw.go.jp/file/04-Houdouhappyou-10904750-Kenkoukyoku-Gantaisakukenkouzoushinka/kekkagaiyou.pdf

文部科学省『スポーツ基本法（平成23年法律第78号）（条文）』2011

文部科学省『高等学校学習指導要領（平成30年告示）』2018 pp.131-140.

村山孝之「運動技能の学習理論と学習方法」國部雅大・雨宮怜・江田香織・中須賀巧（編）『これからの体育・スポーツ心理学』講談社　2023　p.21.

Reardon, C. L., Hainline, B., Aron, C. M., Baron, D., Baum, A. L., Bindra, A., ... & Engebretsen, L.「Mental health in elite athletes: International Olympic Committee consensus statement」『*British journal of sports medicine*』53(11) (2019) 667-699.

Ryan, R. M., & Deci, E. L.「Self-determination theory and the facilitation of intrinsic motivation, social development, and well-being」『*American psychologist*』55(1) (2000) 68-78.

Ryan, R. M., & Deci, E. L.『*Self-determination theory: Basic psychological needs in motivation, development and wellness*』Guilford 2017

坂入洋右『身心の自己調整－こころのダイアグラムとからだのモニタリング』誠信書房　2022

櫻井茂男『動機づけ研究の理論と応用－個を活かしながら社会とつながる』金子書房　2024

澤田享「身体活動」『e-ヘルスネット』(2019) Retrieved November 3 2024 from https://www.e-healthnet.mhlw.go.jp/information/dictionary/exercise/ys-031.html#:~:text=%E8%BA%AB%E4%BD%93%E6%B4%BB%E5%8B%95%EF%BC%88%E3%81%97%E3%82%93%E3%81%9F%E3%81%84%E3%81%8B%E3%81%A4%E3%81%A9%E3%81%86%EF%BC%89&text=%E3%80%8C%E8%BA%AB%E4%BD%93%E6%B4%BB

%E5%8B%95%E3%80%8D%EF%BC%9A%E5%AE%89%E9%9D%99%E3%81%AB%E3%81%97,%E7%B6%99%E7%B6%9A%E6%80%A7%E3%81%AE%E3%81%82%E3%82%8B%E6%B4%BB%E5%8B%95%E3%80%82

沢井史穂『健康スポーツのすすめ−からだをメンテナンスする時代』日本評論社　2006

Senko, C., & Tropiano, K. L.「Comparing three models of achievement goals: Goal orientations, goal standards, and goal complexes」『Journal of Educational Psychology』108 (2016) 1178-1192.

鈴木宏哉「どんな運動経験が生涯を通じた運動習慣獲得に必要か？ 成人期以前の運動経験が成人後の運動習慣に及ぼす影響」『発育発達研究』41 (2009) pp.1-9.

社会応援ネットワーク『図解でわかる 14 歳からのストレスと心のケア』太田出版 2022

上淵寿「達成目標理論」大芦治・上淵寿（編著）『新動機づけ研究の最前線』北大路書房 2019 pp.20-44.

Vasconcellos, D., Parker, P. D., Hilland, T., Cinelli, R., Owen, K. B., Kapsal, N., Lee, J., Antczak, D., Ntoumanis, N., Ryan, R. M., Lonsdale, C.「Self-determination theory applied to physical education: A systematic review and meta-analysis」『Journal of Educational Psychology』112 (2020) 1444-1469.

Wulf, G., Höß, M., & Prinz, W.「Instructions for motor learning: Differential effects of internal versus external focus of attention」『Journal of Motor Behavior』30 (1998) 169-179.

よわいはつよいプロジェクト『小学校出張レポート！「よわいはつよい」ってなんだろう？』2021 Retrieved November 3 2024 from https://yowatsuyo.com/contents/visit-school-report/

第12章 防災教育

1. 防災教育がなぜ必要なのか

(1) 21世紀前半の大災害時代に「生きる力」を養う

　21世紀前半、日本は「大災害時代」になることが予想されている。地球温暖化による異常気象、地震の活動期による地震や津波、火山噴火などが多発すると考えられている。21世紀を生きる私たちにとって、自然災害は「めったに起きないもの」、「起きてしまったら『運が悪かった』と思ってあきらめるもの」ではない。「頻繁に発生して、その度に自分や大切な人たちの命を脅かすもの」、「起きることを前提に対策を取っておくべきもの」と考える必要がある。

　学校安全は「交通安全」「生活安全」「災害安全」の三領域で構成されている（文部科学省，2001）。つまり「交通事故に対する交通安全教育」、「不審者に対する防犯教育」、「SNSトラブルに対するネットリテラシー教育」と同じような危機意識で、「災害に対する防災教育」を行い、災害時の「生きる力」を養わなければならない。

(2) 東日本大震災での「石巻の悲劇」

　2001年3月11日に発生した東日本大震災において、宮城県石巻市大川小学校で悲劇が発生した。震災の日、校庭に避難した児童108名中、74名が死亡または行方不明、教職員11名のうち10名が死亡または行方不明になったのである。

　大川小学校では、地震後は机の下に隠れ、地震から14分後の15時頃には校庭に集合して教員が点呼をとった。しかしこの後、教員の間で「このまま校

庭で待機する」か「津波の到来を考えて逃げる」か「逃げるならばどこに避難すればよいか」について、曖昧な状況の中で判断して結論を出すことができなかったのである。

宮城県が2004年3月に策定した第3次地震被害想定調査に基づく津波浸水域予測図では、大川小学校には津波浸水想定がなく避難所として指定されていたことや、大川小学校の防災危機管理マニュアルに学校以外の避難場所の取り決めがなかったことも結論が出なかった一因と言われている（大川小学校事故検証委員会，2014）。

結局、地震から40分以上が経過して、学校の約200メートル西側にある、北上川に架かる新北上大橋のたもとの小高い堤防を目指して移動し始めた。そして移動直後、津波は北上川の堤防を乗り越え、児童の列を前方から飲み込んだ。列の後方にいた教師1人と児童の一部は向きを変えて裏山を駆け上がるなどして一命をとりとめたものの、最終的に児童の約7割が死亡・行方不明となったのである（図12-1）。

その後、児童23人の遺族が石巻市と宮城県を訴える裁判になり、震災から8年以上が経った2019年10月、最高裁判所は「震災前の学校と行政の防災

図12-1　大川小学校に津波が来た様子
大川小学校事故検証委員会（2014）を基に作成

対策に過失があった」ことを認めた仙台高裁の判断を維持し、市と県の上告を退けた。つまり学校には「学校保健安全法」によって児童の安全を確保する義務があるはずなのに、学校は「震災前の防災対策に過失があり」、「震災前に危機管理マニュアルで、避難の経路や避難方法を定めておくべきだったのに怠った」、教育委員会は「学校の対策に不備があれば、指導すべき義務があるのにそれを怠っていた」ことを明示した。子どもたちの命を守るため、高い水準での事前の防災対策を求めることが判例によって明確になったのである。

(3) 東日本大震災での「釜石の奇跡？」

東日本大震災のもう1つの事例について、岩手県の釜石市立釜石東中学校では、地震発生時、校内にいた212人の生徒が、地震の揺れが収まった直後に校庭に移動した。ここまでは、先ほどの大川小学校と同じ対応である。しかしその後、約1.5キロ離れた峠まで、教員の指示を受けながらも自発的に避難をした。またその行動が隣接する鵜住居小学校の児童の避難にもつながり、中学生や小学校の上級生が小さな子どもたちの手を引きながら迅速に避難した。

当日の写真を見ると（図12-2）、みんなあわてふためいて、一種の集合パ

図12-2　津波から避難をする生徒・児童
写真提供：釜石東中学校

ニックになって逃げているわけではなく、整然と移動している雰囲気がうかがえる。日頃から小学校・中学校で合同の避難訓練をしていたとのことで、それが本番で生かされた。その結果、釜石東中学校も鵜住居小学校も、4階建ての校舎を丸のみするほどの十数メートルの津波が襲ったにもかかわらず、当時、登校していた小中学生全員が無事だったのである。

釜石東中学校では、地震前より防災教育に取り組み、筆者を含む多くの防災研究者が関わっていた。とくに、「1. 想定にとらわれるな」（災害前の被害想定を安心情報として信用しない）、「2. 最善を尽くせ」（時間の余裕があればその場で自分ができる最善のことを行う）、「3. 率先し避難せよ」（他人の指示を待たずに自分から行動を起こす）という「避難3原則」を、訓練などを通して生徒に徹底させていた。マスコミでは「釜石の奇跡」として取りあげているが、筆者が釜石東中学校の生徒や教員にインタビューをすると、この言い方には違和感があるという。「奇跡ではなく、普段から考えて練習していたことが本番でもそれなりに上手に対応ができただけ」とのことで、つまり、事前想定・訓練をしていたことが、自分たちの命を救ったと受けとめているのである。

2. 防災教育の役割とは

(1) 防災教育のねらい

1995年阪神・淡路大震災、2011年東日本大震災などの大災害を契機に、学校での防災教育は大きく促進した。とくに2011年東日本大震災を受けて作成された文部科学省（2013）『学校防災のための参考資料「生きる力」を育む防災教育の展開』では、防災教育のねらいとして、「防災教育には、防災に関する基礎的・基本的事項を系統的に理解し、思考力、判断力を高め、働かせることによって防災について適切な意志決定ができるようにすることをねらいとする側面がある。また、一方で、直面している、あるいは近い将来予測される防災に関する問題を中心に取り上げ、安全の保持増進に関する実践的な能力や態度、さらには望ましい習慣の形成を目指して行う側面もある。防災教育は、

児童生徒等の発達の段階に応じ、この2つの側面の相互の関連を図りながら、計画的、継続的に行われるものである」とあり、具体的に下記3点を防災教育のねらいとしている。

ア 自然災害等の現状、原因及び減災等について理解を深め、現在及び将来に直面する災害に対して、的確な思考・判断に基づく適切な意志決定や行動選択ができるようにする。

イ 地震、台風の発生等に伴う危険を理解・予測し、自らの安全を確保するための行動ができるようにするとともに、日常的な備えができるようにする。

ウ 自他の生命を尊重し、安全で安心な社会づくりの重要性を認識して、学校、家庭及び地域社会の安全活動に進んで参加・協力し、貢献できるようにする。

とくにウについて、学校での防災教育は、「自助」（自分自身で命や暮らしを守り抜くこと）を徹底させるとともに、とくに小学校高学年や中学生以降になるにつれて「共助」（地域などでお互いに助け合って命や暮らしを守り抜く

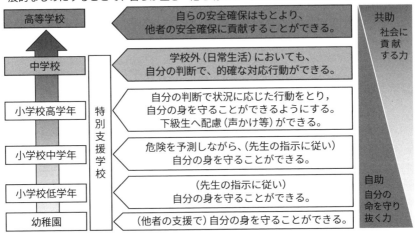

図12-3 発達段階に応じた系統的な指導・実践
Nagata & Kimura (2020) を改変

こと）にも大きな焦点が当てられていることが考えられる（図 12-3）。このような方針もあり、地域と協働した避難訓練、避難行動要支援者への避難支援訓練、避難所設営・運営訓練など、地域における児童・生徒、地域社会における学校のあり方を確認するような訓練が多く行われるようになった。

(2) 急激で大規模な環境変化としての災害

　災害は、急激で大規模な環境変化である（図 12-4）。自然現象である外力（がいりょく）（Hazard：ハザード）が社会に襲いかかる。この時、外力によって襲われた社会の防災・減災力（Vulnerability：バルナラビリティ）によって、被害が大きくもなれば小さくもなる。たとえば、同じ大きさの地震が発生しても、その地域の防災・減災力が強ければ被害は小さくて済むのである。このような考え方のもとに、外力のことを災害誘因、社会の防災・減災力のことを災害素因とよんだりもする。ちなみに、社会の防災力は英語ではバルナラビリティとよぶが、この単語は「脆弱性（ぜいじゃく）」「弱さ」という意味である。そのため日本語でも英語の意味の通りに「社会の脆弱性」「地域の脆弱性」とよぶこともある。

　そして発生した被害・影響や、それに対する災害対応・復旧・復興などの現象を、災害（Disaster）とよぶ。つまり、災害は自然現象であると同時に社

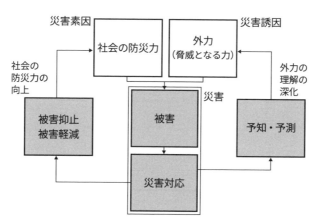

図 12-4　急激で大規模な環境変化としての災害
　　　　林（2003）を一部改変

会現象としての側面を持つ。たとえば、人間が居住しないジャングルの真ん中で地震が起きても、人間が居住しない惑星の火山が噴火しても、それらは基本的には災害とはよばないのである。

　災害を小さくするには、2つの戦略がある。まずは外力の現状や原因を解明することで、外力に働きかける方法である。外力に働きかける一番大きな方法は、外力をなくすことである。しかし、台風を消し去る、地震をなくすということは、現代の科学の力では不可能である。そこで、外力の発生や被害・影響の予知や予測をする。敵を知ることによって外力からの被害・影響を小さくしていこうという考え方である。天気予報の精度を上げたり、地震動予測地図や洪水のハザードマップを作成したりすることなどはこれにあたる。2つめが、社会の防災・減災力を向上させる方法である。命や暮らしを守るために、被害・影響を抑える（被害抑止）、または防ぎきれずに発生した被害・影響をそれ以上大きくさせないように上手に対応する（被害軽減）という方法である。

　したがって、防災教育を行う際に、地震や豪雨などの自然現象のメカニズムを理解することができれば、それだけで防災教育が成立すると考えることは大きな間違いである。災害・防災のフレームからしても、これまでに発生した災害の現象・教訓などを学び、外力の理解の深化に加えて、災害によって起こりうる危機的事態と、そのための被害抑止・被害軽減のあり方を学ぶことによって、初めて防災教育は完成すると考えることができる。

　これらを勘案すると、防災教育とは、「自然災害の現状・原因、地震・台風等の危険予測と安全確保行動、安全で安心な地域社会への貢献といった防災に関する基礎的・基本的事項の系統的な理解によって、災害によって被害を発生させない被害抑止や、発災時に迅速な意思決定や適切な行動選択によって被害を最小限にする被害軽減についての思考力や判断力を高める教育」とまとめることができる（木村・永田，2021）。

3. 先進的な取り組み事例

(1) 文部科学省

文部科学省は、東日本大震災の教訓をふまえ、「実践的防災教育総合支援事業」を 2012 年度に立ち上げた。事業の内容は、学校における安全教育・安全管理の充実を図ることを目的に、防災教育を中心とした安全教育の指導方法や教育手法を開発・普及することである（文部科学省 b, n.d.）。とくに、緊急地震速報等の防災科学技術を活用した避難訓練等の先進的・実践的な防災教育を行う学校現場への支援なども中心に行われている。

この事業は、名称変更を経て、2018 年度からは「学校安全総合支援事業」となった。事業の内容は、防災教育から学校安全の 3 領域（交通安全・生活安全・災害安全）へとテーマが広くなり、これらの中から各学校がテーマを設定して、子どもたちの主体的に行動する態度を育成するというものである。この事業のもとに、さまざまな取り組みが全国各地の学校現場で推進されている。

(2) 被災自治体

災害で被災した自治体の教育委員会では、さまざまな形で防災教育の指針が作られ、実施されている。ここでは一部を紹介する。

1995 年阪神・淡路大震災の被災地である兵庫県では、震災を語り継ぎ、自然災害から自らの生命を守る能力や共生の心を育むための防災教育副読本「明日に生きる ― 阪神・淡路大震災から学ぶ」（小学生用・中学生用・高校性用）を、1997 年に発刊した。災害に関する知識を学ぶ教材として、児童生徒の発達の段階にあわせて構成されている（兵庫県，1997）。

2004 年新潟県中越地震の被災地である新潟県では、津波災害・地震災害・洪水災害・土砂災害・雪災害・原子力災害の 6 つの災害を網羅する「新潟県防災教育プログラム」を作成した（公益法人中越防災安全機構，n.d.）。

2011 年東日本大震災の被災地である宮城県では、防災教育副読本「未来へのきずな」を 2013 年に発刊した（宮城県，2017）。副読本は、東日本大震災

を経験した宮城県の子どもたちが、将来、どのような災害にあっても、自分の命を守り、共に助け合い、生き抜いていくことができるように、防災について考え、行動し、きずなを大切にしていけることを願って作成されたものである。また、副読本は、児童生徒の発達の段階に合わせた学習ができるように、テーマ別にワークシートが作成されている。

　このように過去に発生した災害教訓を次世代に伝えるために、被災地の教育委員会を中心に、学校防災マニュアルの作成・改訂や、防災教育の実践に活用できる副読本等を作成している。文部科学省では、これら都道府県等で作成したマニュアルや副読本等の資料を紹介する専用のサイトを開設している（文部科学省a，n.d.）。

(3) 防災教育を支援する取り組み

　教員は、教職課程などで「防災」を専門に学んでいないため、防災教育を実践するためには、「先進的な事例を学び活用する」ことが必要である。事例は決して多くないものの、全国各地で先進的な取り組みがなされており、それらを参考にして、教員は、自分の学校の事情や地域特性に合わせた防災教育に取り組むことができる。

　全国の学校や地域で取り組まれている防災教育の場の拡大や質の向上に役立つ共通の資産を作ることを目的として、2001年度から「内閣府・防災教育チャレンジプラン」が開始された（防災教育チャレンジプラン実行委員会事務局，n.d.）。内閣府をはじめ、文部科学省、国土交通省、消防庁、国立教育政策研究所等の協力のもとに、防災教育の専門家有志によって構成されている。参加団体等は、有識者（大学・学校教員、国・自治体等の防災機関、NPO法人等）から1年間の支援と実践に必要な経費の一部を受けることができる。これによって、防災教育を推進するための新しい企画や取組にチャレンジすることが可能となる。優秀な実践活動については、防災教育大賞等が授与され、防災教育チャレンジプランのホームページで紹介される。また、取り組みで開発された教材等の資料は、ホームページで自由に閲覧でき、ダウンロードして活用することができる。これらの成果をもとに、内閣府では「地域における防災

教育の実践に関する手引き」をホームページで公表し、防災教育を進めるためのコツ・ポイントを 18 項目にまとめ、それぞれについて代表的な取組事例と併せて紹介している（内閣府，2015）。

　2005 年から開始された「1.17 防災未来賞『ぼうさい甲子園』」は、阪神・淡路大震災やその後の自然災害からの教訓をふまえ、兵庫県、毎日新聞社、公益財団法人ひょうご震災記念 21 世紀研究機構（人と防災未来センター）が主催となった取り組みである（ぼうさい甲子園，n.d.）。この取り組みは、未来に向け安全で安心な社会をつくるため、児童生徒が学校や地域において、主体的に取り組む防災教育の先進的な活動を顕彰するものである。活動の記録は、ぼうさい甲子園ホームページで紹介されている。

　（社）日本損害保険協会が、朝日新聞社、ユネスコ、NPO 法人日本災害救援ボランティアネットワークなどと共催し、2004 年から開催しているのが「小学生のぼうさい探検隊マップコンクール」である（一般社団法人日本損害保険協会，n.d.）。この取り組みは、子どもたちの防災意識の向上や地域コミュニティーの強化を目的とした事業である。参加者の小学生は、身の回りの安全・安心を考えながら、町にある防災・防犯・交通安全に関する施設や設備等を見て回り、マップにまとめる実践的な安全教育プログラムである。本事業に参加して活動する際のマニュアルや活動の記録は、ぼうさい探検隊特設サイトで紹介されている。

　さらに、国民の防災意識の向上、災害に関する知識や経験等の共有を図るため、内閣府、防災推進協議会、防災推進国民会議が主催する「ぼうさいこくたい（防災推進国民大会）」が 2015 年 9 月に創設された。これは、自助・共助の重要性が国際的な共通認識とされた 2015 年 3 月の「第 3 回国連防災世界会議」で採択された「仙台防災枠組 2015-2030」をもとに、市民社会、企業、ボランティア、コミュニティー団体、学術界等、各ステークホルダーによる災害リスク削減に関する取り組みを奨励する事業である。

　国内最大級の総合防災イベントとして、2016 年から毎年開催されており、学校現場だけでなく、個人・地域・組織・行政・企業等における防災教育のさまざまな取り組みが紹介され意見交換をする場となっている。イベントの内容

は、専用のホームページで紹介されている。

(4) 先進校における防災教育・防災訓練プログラムの整理

図12-5は、小中高等学校で行われている防災教育・訓練プログラムを、筆者が概念的に整理してその関係性をまとめたものである（木村，2015）。各プログラムについて、大きな意味で「学内を対象に行うものか」「学外（地域・フィールドワーク等）を対象に行うものか」という軸と、大きな意味での「正課活動（正規の教育課程）で行うものか」「課外活動（正課外のいわゆる「イベント」）で行うものか」という軸で分けたものである。

防災について先進的に取り組んでいる学校のプログラムをこの図で整理したところ、それぞれの軸によって分けられた4象限のプログラムを上手に関連づけながら防災教育・訓練を推進していることが考えられる。

まずは図の左上にある学内・正課活動の「教科学習での教授・学習過程」を基礎にして、図の左下にある学外・正課活動の「地域学習」や、図の右下にある学外・課外活動の「見学学習・体験学習」へと展開していることがわかった。さらにその成果を、図の右上にある学内・課外活動の「防災訓練」に反映させていた。そして「防災訓練」での気づきを契機にしながら、個々人や学校内の防災力向上にとどまらず、「学習発表会・学芸会・文化祭」などを通してその成果を地域へ発信し、最終的には地域防災力の向上にまで寄与させていくことで防災教育を「生きる力」「地域防災力」に昇華させていることがわかった。

4. 防災リテラシーの向上

(1) 防災リテラシー

一方、子どもたちに対する防災教育だけでなく、一般市民に対する防災基礎力の向上も重要な課題である。災害に立ち向かい、乗り越えていくために必要な能力のことを「防災リテラシー」と言う。リテラシーとは、読み書きの能力という意味で、転じてある分野に関する知識や能力を指す。たとえば「識字率（リテラシーレート）」は、ある国において母語で日常生活の読み書きがで

第12章　防災教育　193

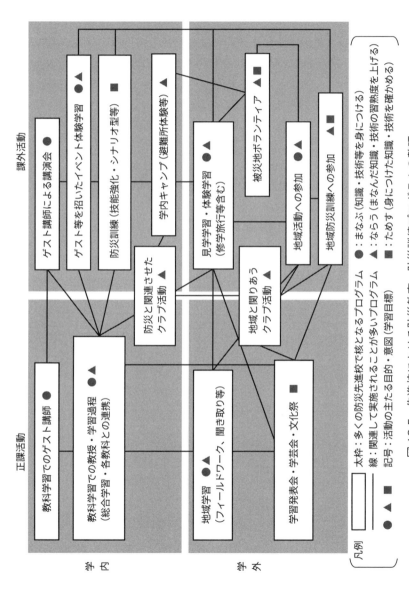

図 12-5　先進校における防災教育・防災訓練プログラムの整理
木村 (2015) による

きる人の割合のことであり、「コンピュータ・リテラシー」は、コンピュータの基本的な使い方ができる能力のことである。つまり、防災リテラシーは「災害を事前に知り、備え、事後に適切に行動できるような総合的な防災基礎力」のことである。

(2) ShakeOut（シェイクアウト）

近年「防災リテラシー」という単語は、日本でも多く使われるようになり、行政や民間を問わずに防災リテラシーを向上させるための防災教育・防災訓練が行われている。中でも、ShakeOut（シェイクアウト）は、2008 年にアメリカで始まった防災訓練で、現在、世界中の地震国で行われている（日本シェイクアウト提唱会議，n.d.）。科学的根拠にもとづく具体的な地震災害シナリオのもとに、予め日程及び時間を具体的に指定して事前登録を募り、参加登録者には地震災害シナリオと対応の事前学習を行った上で、訓練時に地震の揺れから身を守る安全確保行動 1 - 2 - 3（ワンツースリー）（まず低く、頭を守り、動かない）を共通訓練としていっせいに実施し、必要に応じて個別訓練（プラスワン訓練）なども実施する防災訓練である。「場所を問わない」「時間がかからない」「家庭・学校・企業の実態に応じた実施できる」といった特徴を持つため、他訓練より多く参加者を見込むことができ、地域や組織における防災リテラシーの底上げを図ることができるのが特徴である。

シェイクアウトを取り入れた訓練として、兵庫県西宮市の訓練の様子を紹介する（図 12-6）（内閣府，2013）。訓練では、最初に、その地域の被害想定のもとで、ある決められた時間に一斉にみんなでシェイクアウトをする。左上の写真①がその様子である。多忙な参加者については、「参加をありがとうございました。よろしければ来年も参加してください」という形で、ここまでで訓練を終了する代わりに、毎年、繰り返し参加してもらうように要請する。参加者の中には、何回か参加するうちに、心の余裕や防災への関心が増してくるので、さらに発展した訓練にも参加してもらうようにする。シェイクアウトのような誰でも短時間でできる簡単な訓練と、時間や余裕や知的好奇心のある人向けの奥深い訓練の 2 つを用意することが効果的である。

たとえば右上の写真②のように、より奥深い訓練の1つとして、津波による浸水の恐れが低い地域への避難訓練をする。左下の写真③は、スタンプラリー形式の避難訓練である。ハザードマップに記されている津波避難ビルを覚えるという目的で、ビルを1つ巡るたびにスタンプが押され、スタンプを集めると景品がもらえる。ゲーミフィケーションの手法を使ってゲーム感覚で楽しくビルを巡りながら津波避難ビルの存在を知ってもらう取り組みである。下段の真ん中の写真④は、避難訓練のゴール地点となる避難場所でさまざまな防災・減災イベントをしている様子である。右下の写真⑤は、病院や福祉施設で利用者の搬送訓練を行っている。この一連の訓練のポイントは、ある特定の人たち・特定の組織だけが訓練をするのでなく、地域全体で社会の防災力の底上げを図るために、全員が同じ想定のもとで訓練をすることである。

①さまざまな場所で、総勢1万1400人が参加した「シェイクアウト訓練」
②津波による浸水の恐れが低い地域への避難訓練
③津波避難ビルへの避難訓練
④訓練ゴール地点の防災・減災イベント
⑤病院・福祉施設における利用者運送訓練

2013（平成25）年1月27日、兵庫西宮市が主催する、南海トラフ巨大地震を想定した「にしのみや津波ひなん訓練」が実施されました。関係機関、各種団体、企業等の参加・協力に加え、数万人規模の一般市民も参加した大規模訓練となりました。

図12-6　兵庫県西宮市のシェイクアウトを利用した訓練
内閣府（2013）を基に作成

(3) ハザードマップによる災害診断

ハザードマップとは、一般的に「自然災害による被害の軽減や防災対策に使用する目的で、被災想定区域や避難場所・避難経路などの防災関係施設の位置などを表示した地図」（国土地理院, n.d.）のことである。近年のハザードマップや防災マップの進化はめざましく、インターネット上でマップの縮尺や範囲を変えられたり、避難所などの情報を必要に応じて地図上に表示できたり、過

去に起きた被害と想定される最大の被害などを分けて表示できるものもある。

　このようなハザードマップの進化にともなって、地域や組織の防災訓練において、健康診断ならぬ「災害診断」を行うところが増えてきた。まず、ハザードマップを見ながら、小学校区・中学校区などの自分に身近な生活範囲もしくは職場の周辺で、これまでにどのような災害が起きたのか、今後、どのような災害が科学的に発生するのかを確認する。

　たとえば風水害などで、ハザードマップを見ながら、自宅、避難所、よく行くスーパー・コンビニ、病院、職場、ご近所の家（とくに高齢者宅）などに印をつけていく。すると、漠然と地図を眺めることと異なり、日常とはまったく異なる非常時の地域の姿をイメージすることができる。もし、自宅が浸水想定区域に入っておらず安全性の高いところにあるのならば、いたずらに外に出たりせずにしっかりと家の中に留まり、停電・断水などのライフライン途絶への備えを徹底させる。もし、自宅が危険な地域となっているならば、避難所などの安全な場所までの避難経路をペンでなぞってみる。すると、避難しようと思っていた通勤路が河川の近傍で浸水想定区域に入っていたり、ショートカットしようと思っていた山越えの道が土砂災害の警戒区域になっていたりすることがわかる。なお、地域の防災訓練では、実際にその経路を歩きながら、ハザードマップで描かれた危険性と現実の地域とを見比べていく。このように、健康診断で自分の身体状況を知るように、災害診断によって地域の周辺状況を知り、それをもとに実効性のある安全確保行動をとる素地ができあがる。

　これらの「災害診断」は学校教育現場においても実施されている。たとえば、2009 年、平成 21 年台風第 9 号によって、死者・行方不明者が 20 人を数えた兵庫県佐用町では、小学生が授業の中で「防災まちあるき」として、ハザードマップを手に被災者と地域を回り、当時の被災状況の写真と見比べながら、災害時の地域のイメージを養成するような防災教育も行われている。

　災害への無知は、本番での無力につながる。いかに災害が起きるまでに、災害を知り、備え、行動しておくかが、学校教育現場でも、地域防災でも求められている。

文献

ぼうさい甲子園『1.17防災未来賞「ぼうさい甲子園」』(n.d.) Retrieved October 22 2024 from https://bousai-koushien.net/

防災教育チャレンジプラン実行委員会事務局『防災教育チャレンジプラン』(n.d.) Retrieved October 22 2024 from http://www.bosai-study.net/top.html

林春男『いのちを守る地震防災学』岩波書店 2003

兵庫県「防災教育副読本「明日に生きる――阪神・淡路大震災から学ぶ」」『兵庫県教育委員会資料』1997

一般社団法人日本損害保険協会『ぼうさい探検隊』(n.d.) Retrieved October 22 2024 from https://www.sonpo.or.jp/about/efforts/reduction/bousai_sp/

木村玲欧『災害・防災の心理学』北樹出版 2015

木村玲欧・永田俊光「巨大災害を契機にした防災教育の変遷」『危機管理防災研究』27 (2021) pp.39-53.

国土地理院『ハザードマップ』(n.d.) Retrieved October 22 2024 from https://www.gsi.go.jp/hokkaido/bousai-hazard-hazard.htm

公益法人中越防災安全機構『防災教育switch』(n.d.) Retrieved October 22 2024 from http://furusato-bousai.net/

宮城県「みやぎ防災教育副読本「未来へのきずな」」『宮城県教育委員会資料』2017

文部科学省「学校防災のための参考資料「生きる力」を育む防災教育の展開」『文部科学省資料』2013

文部科学省「「生きる力」をはぐくむ学校での安全教育」『文部科学省資料』2001

文部科学省a『文部科学省×学校安全 都道府県・政令市教育委員会作成資料一覧』(n.d.) Retrieved October 22 2024 from https://anzenkyouiku.mext.go.jp/todoufuken/index.html

文部科学省b『全国での取組・モデル事業の概要と成果』(n.d.) Retrieved October 22 2024 from https://anzenkyouiku.mext.go.jp/mextshiryou/index.html

Nagata, T., and Kimura, R.「Earthquake and Disaster Management Education for Children with Intellectual Disabilities」『17th World Conference on Earthquake Engineering Conference Proceedings』No.7g-0005 (2020) 9pp

内閣府「地域における防災教育の実践に関する手引き」『内閣府（防災担当）資料』2015

内閣府「『にしのみや津波ひなん訓練』の実施」『ぼうさい』71 (2013) pp.16-17.

日本シェイクアウト提唱会議『The Great Japan ShakeOut』(n.d.) Retrieved October 22 2024 from https://www.shakeout.jp/

大川小学校事故検証委員会『大川小学校事故検証報告書（概要）』2014

執筆者紹介

横尾 暁子（よこお あきこ）2章，8章，9章〈編集担当〉
　田園調布学園大学こども教育学部

富田 望（とみた のぞみ）6章，7章，8章〈編集担当〉
　実践女子大学人間社会学部

雨宮 怜（あめみや れい）11章
　筑波大学体育系

大橋 靖史（おおはし やすし）10章
　淑徳大学総合福祉学部

木村 玲欧（きむら れお）12章
　兵庫県立大学環境人間学部／大学院環境人間学研究科

鈴木 晶夫（すずき まさお）4章
　早稲田大学人間科学学術院

竹内 美香（たけうち みか）1章，3章，5章
　実践女子大学人間社会学部

教える・育てる心理学
― 基礎と臨床 ―

2025年3月28日　初版第1刷発行

- ■編 著 者 ── 横尾暁子・富田　望
- ■発 行 者 ── 佐藤　守
- ■発 行 所 ── 株式会社 大学教育出版
  〒700-0953　岡山市南区西市 855-4
  電話(086)244-1268㈹　FAX(086)246-0294
- ■印刷製本 ── モリモト印刷㈱
- ■DTP ── 林　雅子

© 2025, Printed in Japan
検印省略　落丁・乱丁本はお取り替えいたします。
本書のコピー・スキャン・デジタル化等の無断複製は、著作権法上での例外を除き禁じられています。本書を代行業者等の第三者に依頼してスキャンやデジタル化することは、たとえ個人や家庭内での利用でも著作権法違反です。
本書に関するご意見・ご感想を右記(QRコード)サイトまでお寄せください。

ISBN978-4-86692-341-3